The Miracle Question
Answer It and Change Your Life

奇迹问句

闪耀的心灵之光

[美] 琳达·梅特卡夫（Linda Metcalf） 著

吴洪健 译

北京师范大学出版集团
BEIJING NORMAL UNIVERSITY PUBLISHING GROUP
北京师范大学出版社

献给我的丈夫罗杰（Roger）和三个孩子：凯莉（Kelli）、瑞安（Ryan）、小罗杰（Roger Jr.），你们是我的奇迹。

推荐序一

许维素

台湾师范大学教育心理与辅导教授

台湾焦点解决中心顾问

2013 荣获美加焦点解决短期治疗协会(SFBTA)

"纪念 INSOO KIM BERG 卓越贡献训练师奖"

　　琳达·梅特卡夫(Linda Metcalf)博士有多本焦点解决短期治疗的专著，她是焦点解决短期治疗领域相当有经验的培训师。《奇迹问句——闪耀的心灵之光》这本书可谓是琳达·梅特卡夫博士实务工作精华的一个缩影。

　　《奇迹问句——闪耀的心灵之光》是一本焦点解决短期治疗的结晶。本书前几章将焦点解决短期治疗的流程与架构一一说明，接着以常见的咨询主题再次回顾与凸显焦点解决短期治疗的重点。本书的撰写风格呼应着焦点解决短期治疗的特色：清楚、扼要、易懂，不仅有重点解释的理论，更有活灵活现的案例。每一章最后列出来请读者自问自答的思考问句，正示范了焦点解决咨询师协助当事人转念的引导问句。所以，这本书十分有助于刚接触焦点解决短期治疗的初学者，使其能快速掌握焦点解决短期治疗的核心精髓，也适合已经了解焦点解决短期治疗的实务工作者用以温故知新，或作为提供培训与进行分享时的大纲架构。

　　吴洪健博士一直投身于与青少年辅导相关的工作，多年的经验更持续累积她助人的热情。对焦点解决短期治疗适用于校园文化的欣赏使我们结缘。我特别欣喜于吴博士对于焦点解决短期治疗的积极推广，而翻译此书，正是使更多人受惠。

　　以解决之道为焦点的焦点解决短期治疗，迥异于停留于问题探讨的传统咨询取向，它透过愿景、目标、例外、一小步、进展几个要素，相互交织循环地带出滚雪球般的奇迹效益。奇迹，这一美丽的名词，犹如焦点解决短期治疗的冠冕。相信奇迹的焦点解决短期治疗一定会引领着人们跳开问题，远瞻愿景，轻敲希望，打开生命无限可能性的扇扇心窗。

推荐序二

林祺堂

心灵魔法师

台湾"清华大学"咨询中心兼职咨询心理师

专研后现代焦点解决与叙事疗法

我与琳达·梅特卡夫博士相遇在 2015 年北京的研讨会上，对其亲切又有能量的状态（完全看不出有时差的疲惫），以及与人温暖的联结印象深刻。有机会透过吴洪健老师翻译的这一著作，再一次见证焦点奇迹问句的魅力，我感到真的很幸福。吴老师平易近人，整个人都散发着积极又温暖的能量与睿智。

近五年来，我有幸与全国各地的咨询师分享后现代焦点解决与叙事疗法。作为一名教育训练者，当遇到好的教材时，那种喜悦与感动，是全身细胞都在跳跃的兴奋感。

我的博士论文研究的是焦点解决咨询历程中咨询师的后设思维，探讨的是咨询师是怎样消化焦点解决的技巧、概念乃至于精神，并运用到咨询过程中的。研究中的资深焦点咨询师告诉我，他们不只是运用焦点活出自己想要的生活，更是经历着用生命影响生命的赋能历程。从愿意试着去相信，到引导来访者亲身体验开启自助系统并活出属于自己的精彩，我更加相信来访者是其生活的专家。这反映着焦点不只是一种助人技巧，更是一套生命哲学。

奇迹问句是焦点解决短期咨询中难度很高且收益很高的一个

提问，好的提问可以让人更好地思考与整理。奇迹牵扯到知觉的转换，从困苦、无助、无力的状态，转到"我好想要的美好生活时刻"。知觉的转换，要像催眠的语调一般，循序渐进地引人入胜。首先，咨询师要相信会有奇迹发生，有相信的语调和神情方能开启。其次，咨询师要能仿佛身临其境地沉浸在对方的渴望生活之中，细细理解：生活开始会有什么不一样？会开始做些什么事情？重要关系开始有什么改善？会开始有什么样的对话？等等。最后，咨询师要能找到奇迹最早出现的迹象，暗示着，这就是可以前进的一小步。

　　奇迹问句，不是简单的一问一答的过程，它是一个脉络，一段铺陈，一个希望的灌入。常让咨询师学习者困窘的是，奇迹问句常会让来访者回答出天马行空、不切实际的答案，如很希望中彩票。奇迹问句要能引导出可切实行动的"生活层次"，而非停留在"概念层次"。对于从奇迹（中彩票）到奇迹目标（我会开始做我很想做的事情，如一起去看电影、旅游、写书等）的建构，琳达在这本书中提供了高度结构化的练习方法。咨询师学习者只要跟着一步一步地练习，就能引导出具体化的好目标了。我对这个练习方法，赞叹不已。

　　这是在焦点解决群书中实用性特别强的一本好书，它梳理了奇迹问句的深刻性与完整性，有很棒的案例说明，一看就懂，有好的练习方法，跟着做就会了。若你也想见证生命奇迹的时刻，或想引导他人看见希望，这本好书值得你拥有！

译者序

我与焦点解决短期心理咨询（SFBT）的缘分真的很深。在研究生期间，我的专业方向是教育心理学，具体的研究领域是建构主义与教学和学习。关注的是人们如何学习以及什么是真正的学习，聚焦的是认知领域，孩子们如何通过与外界的互动建构自己的认识地图。研究发现，对于同一个概念或解释，不同的孩子理解起来真是差之千里。世界真的是我们建构的吗？

后来我的兴趣转向心理健康领域。我有过 6 年的个体咨询和辅导经验，当时也被那些无法改变的、造成人们问题的原因深深困扰着。有的人因为一些我们无法改变的事实，如父亲离异、亲人病故而一蹶不振，但有的人即使遇到了几乎毁灭性的打击，却依然能够逆风飞扬。差异为何如此之大？发生了什么？人们是如何建构自己的心灵世界的？这使我更加深深地感受到没有所谓绝对的好坏以及标准，每个人都是在自己原有生长形态的基础上建构新的部分的。就像种子一样，即使给予同样的温度、湿度和营养，生长的情况也是那样不同。

随后，我又开展了大量的教师和家长培训工作。当我们面对孩子的挑战和问题的时候，互相抱怨于事无补；当我们看到他们的内在需要和资源时，一切都有可以改变的机会。2010 年之后，我开始关注 SFBT，刚刚接触，就被它深深地吸引。因为它并不否认人性的复杂，而是承认人性中善恶并存，让人觉得那么放松和可以靠近。但 SFBT 并没有停留在此，而是将目光从问题转向对问题的解决，它就像黑暗中的一道光！在作为 SFBT 基础的后现代心理学、社会建构主义、策略派辅导、家庭治疗中，社会建构主义对我而言是多么熟悉和亲切！在仔细并反复阅读了哲学家维特根斯坦（Ludwig Wittgenstein）的传记《天才之为责任》（*The Duty of Genius*）之后，我对 SFBT 深深着迷。一个人的心理世界是那么丰富，我们所感受到的、所说的、所听的都会成为建构自己生命的一部分！我也深深感慨：在走过了一段不同的路之后，我和建构主义又不期而遇！我也在问自己：发生了什么？

之后，我和台湾的许维素老师有过合作，我们甚至在讨论如何通过脑科学的研究验证 SFBT 的有效性。许老师敏锐的洞察力、焦点解决的生活态度以及对 SFBT 的推动都给了我极大的心理支持！

与琳达·梅特卡夫博士的接触本身也是个奇迹，因为我们先前并无联系。我直接发了一封邮件给她，介绍了 SFBT 在中国大陆的发展，还邀请她到北京师范大学出席一个论坛，并给教师们进行 SFBT 的主题培训。琳达迅速回复并愉快地接受了我的邀请！我们一直保持着密切的联系，交流了如何在教育领域中应用 SFBT。我们都很兴奋，所以也就有了这本译著的面世！

《奇迹问句——闪耀的心灵之光》这本书最打动我的是，它通过一个个鲜活的人生故事，使我真切地感受到那些原来以为遥不可及的期待中的生活是如何变成现实的。通过一个个奇迹问句，人们仿佛置身于未来的某个时间点，然后再回到现实，这样，就与未来的目标有了锚定的联结。在时光隧道中，我们找到那些已经接近泯灭的心灵之光，接着重新点亮它们。这些光尽管开始时微弱，但是会越来越闪耀！

这本书可以作为个人心理成长的自助读物，也可以作为家长们在养育孩子的过程中参考的方法书，还可以作为学校教师们的工具书，甚至完全可以应用于企业管理中。

在 2016 年焦点解决短期治疗协会年会上，我介绍了 SFBT 在中国大陆的应用情况，得到来自美国、加拿大、英国、波兰等国的同行们的关注，大家希望共同推进 SFBT 在中国的发展。

特别感谢中国台湾的许维素老师、林祺堂老师为本书的中文版作序，感谢北京师范大学出版社陈红艳的倾力支持！

每个人的存在都是奇迹，愿所有人闪耀的心灵之光汇聚起来！

吴洪健于北京
2017 年 7 月

前　言

　　1990 年，我在加利福尼亚州的阿纳海姆（Anaheim）参加了一个大型的心理治疗会议，我崇敬已久的维克托·弗兰克尔（Victor Frankl）博士做了主题发言。他在发言中讲的一个故事深深地迷住了我。第二次世界大战期间，弗兰克尔曾经被纳粹党关在集中营里，并且换过四个集中营。期间，在一个集中营里，他亲眼目睹了父亲的离世，在另一个集中营里，他被迫跟母亲和妻子分开。他作为治疗师、作家和讲师的生活被切断了。他曾经有这样的观点，那就是精神和价值感是心理健康的核心，这在当时是一个新的观点。在有机会把这个观点写出来之前，他就被捕并被关进了集中营。他决定要尽所有可能活下来，不仅仅是为了找到幸存的家人，更重要的是为了传播这个观点。

　　在波兰，一个冬日，在他被投入第四个集中营的时候，弗兰克尔和其他一群犯人一起穿过旷野。他穿着很薄的衣服，没穿袜子，鞋上很多破洞，严重的营养不良和受到的虐待不言自明。他开始咳嗽，咳嗽得很严重以至于跪倒在地上。一个看守走过来命令他起来继续走，但是强烈的咳嗽使得他很虚弱，没有力气回答看守的问题。看守开始用棍子打他，并且告诉他，如果不起来，他就会被丢在这里等死。弗兰克尔知道看守说的是真的，因为他曾经看到过这样的事发生在其他犯人身上。疾病、疼痛、被打，他想："这就是我的命运。"他实在是没有站起来的力量。

　　就在他无能为力的时候，突然他感觉自己不是在波兰，而是想象自己在战争结束后，正在维也纳做一个演讲，主题是"死亡集中营里的心理和关于人生意义的心理"，200 人参加活动，这个演讲是关于他在集中营里所有的生活场景。

他说道，那些找到生命意义的人，和那些建立了与更高目标联结的人，在经历了心理和情感的创伤之后更有可能存活下来。这是一个闪耀的演讲，不过是在他的心理层面进行的。在这个演讲中，他不是半死不活的，而是充满活力的。在演讲过程中，他也告诉那些虚拟的听众，自己被打得很厉害，所以没有办法站起来继续走路。

然后，奇迹中的奇迹发生了，他告诉假想的听众，他可以站起来了。看守停止打他，他开始站起来蹒跚地往前走，然后用尽更多的力气，走！当他在想象中向听众描述这个场景的时候，他的身体真的站起来往前走了。在走向集中营的整条路上，他继续想象这个演讲，以及各个细节。当他躺到自己的铺位上时，他还在想象，想象着当这个闪耀的演讲结束时，他会受到大家热烈的欢迎。多年以后，千里之外，1990 年，当他结束在加利福尼亚的演讲后，7000 人为他的演讲起立鼓掌。

弗兰克尔遇到问题时做了什么其他人没有做的事情？他生动地想象了一个在未来的时间里问题已经得到解决的场景，并且当他再次回到当前真实情境的时候，决定他需要做什么能够使未来的场景成真。在我个人的生活中，我也体验到这种"未来策略"的非凡意义。

我在上大学的时候，曾经变得很抑郁。我认为我是一个诗人，由于特别敏感，所以在人群中就会很痛苦。同时，我很孤独，但我又希望和人们在一起。当我真正在人群中的时候，我又很害羞，无法很好地表达自己的想法。即使开口说话，我也很紧张，以至于口不对心。

　　我开始对自己的未来担心，因为我知道大学终归要结束，我也必须要找个工作。仅凭我的诗（因为我太害怕，所以我拒绝把我的诗拿给别人看，因此也很难发表）是不能养活自己的，但是我又看不到能够找到一个关乎灵魂的工作的希望。

　　抑郁了几个月之后，经过慎重考虑，我决定自杀。我有一些好朋友，他们像我一样悲惨，远离人群，不过我还是决定告诉他们我的计划，跟他们说再见。最开始告诉的两个朋友回复我说，他们也想这么干，但是没有勇气，他们钦佩我的勇气。第三个朋友，也是最后一个朋友，当得知我的计划后非常不安（不过她的调节能力好一些）。当我向她解释了我自杀的理由后，她给了我一个承诺。她有几个未婚、没有孩子的姑姑住在美国中西部，她的姑姑们告诉她她会继承她们的遗产。她们中的每个人都有自己的农场，每个农场里都有一个空置的房间。我的朋友跟我说，如果我承诺放弃自杀，我的后半生可以一直免费住在那里，远离人群，写写诗，种种庄稼，这样我就可以不用为了糊口去找一个自己不喜欢的工作（在我当时那种状态下，我真是觉得要把这样的工作从我的生活中去掉）。

　　这个计划听起来很好，我也马上注意到自己不再想自杀了，因为对未来的焦虑减轻了。我同意我会活到这几个姑姑中的一个人去世（她们当时都 60 多岁了，而我只有 19 岁，我很确定她们中有一个会很快死去）。尽管如此，还有另一个问题——我内心很痛苦，不知道如何更好地生存在世上，所以我又迷上了观察人们如何成功地活着，更确切地说，他们如何做到不是所有的时候都像我这么痛苦，他们怎样和别人相处，他们如何管理金钱，长久以来这对我都是个问题。

　　花了几年时间，我从抑郁中爬了出来，对于观察别人如何使自己不那么痛苦的迷恋引导我走向心理治疗。后来，我对心理治疗越发感兴趣，所以在大学本科阶段我就主修了心理学，然后又获得了更高的心理学学位。

我成了一个很有激情、很投入的心理治疗师，我使用严格的专业标准和方法：我对那些能操作的，真正能帮助人们改变的方法感兴趣，而不仅仅是对他们的问题做些解释。这种对有效性的热情和追求（后来当我发现一些治疗师隐藏的对于来访者不信任和鄙视的态度之后，我更加尊重他们）也表现在后来我培训咨询师的过程中。我开始在世界各地开办工作坊，并且开始写了很多关于心理治疗领域的书。

我从来没有在中西部那几个姑姑家的农场中的任何一个住过，但是"拥有"一个未来真的引领我走向了不同的未来。在本书中，琳达·梅特卡夫通过较好地运用一些简单而有效的未来导向方法，为改善和提升你的生活和关系提供工具。奇迹问句不只是改变生命，更重要的是挽救生命。

比尔·欧汉隆

圣塔非，新墨西哥

2004 年 4 月

致　谢

　　有人曾说沃尔特·迪斯尼巨大商业成就的开始来自一只小小的老鼠。当我还是个孩子的时候，就为他的创造力陶醉。我曾经读过他在追逐梦想时所付出的努力和决心，并很快了解到他有很多需要克服的困难。有人会说他的奇迹在于创造了一些很轻松的时刻，让人们可以从生活中短暂地逃离出来，去体验奇幻世界。他的卡通、书、电影和主题公园把世界各地的人们汇集到一起，大家一起玩。

　　我考虑写这本书已经很久了，我希望给人们一种简单的方法，能使他们从问题中逃离出来，哪怕是很短暂的时刻，这样他们就能继续梦想和享受生活。我希望给他们这样的希望和信念——他们是有能力的，并且可以用自己的方式渡过难关。为了实现这个目标，我需要出版社的支持，以及咨询师的激励和来访者对于这些奇迹问句的回答，这些都使我更加确信这是一件值得做的工作。

　　非常感谢皇冠出版社（Crown House Publishing）美国运营总监马克·特拉克特（Mark Tracten）对这本书的信任，他还介绍我认识了促成这本书面世的很多人。感谢戴维·鲍曼（David Bowman）、罗莎莉·威廉斯（Rosalie Williams）、卡罗琳·伦顿（Caroline Lenton）和克莱尔·詹金斯（Clare Jenkins），感谢你们的帮助，对于你们的友好、及时关注和耐心我深表感激。

　　感谢那些让我进入你们生命的来访者，对于奇迹问句你们给出了值得深入探索和令人兴奋的回答，是你们使这本书的面世成为可能，在书中的每一页都有你们的影响存在，你们的成功每天都在鼓舞和滋养着作为咨询师和教育者的我。感谢马克·塔利（Mark Tally）多年来耐心地听我讲述这本书，并且把自己很多的经验和奇迹问句结合起来。

感谢创始人史蒂夫·迪·沙泽（Steve deShazer）创造了奇迹问句，以及伊夫·利普希克（Eve Lipchik）、茵素·金·伯格（Insoo kim Berg）、米歇尔·韦纳-戴维斯（Michelle Weiner-Davis）和斯科特·米勒（Scott Miller）对焦点解决治疗的持续探索。感谢迈克尔·怀特（Michael White）和戴维·埃普斯顿（David Epston）两位作者对叙事治疗天衣无缝的阐述。我很难想象如果没有你们的影响，我将怎样持续我的咨询工作。感谢比尔·欧汉隆（Bill O'Hanlon）经常支持我的工作，并且特别感谢你能够为我的书作序。十年前，当我写第一本书的时候，你对我说："还有很多想法以及很大的提升空间，加油干吧！"

最后感谢我的家人，感谢你们的支持和理解，特别是在交稿日期临近的时候，我需要关起门来。感谢我的大儿子小罗杰，是你告诉我要反复修改第一章，我接受了建议，直到把它改成听起来像是跟读者说话的感觉，我猜你在贝勒大学（Baylor University）的学习很成功。感谢我的女儿凯莉，是你让我能够通过购物暂时休息一下。感谢我最小的儿子瑞安，是你经常让我捧腹大笑，另外，我对你的敲鼓声很着迷。感谢我的丈夫罗杰，是你总是提醒我保存文稿。感谢我的父母，是你们教会我永不放弃。感谢我的弟弟鲍勃（Bob），是你帮我试读文稿并且给我很大的赞许。最后，感谢我的狗雷克斯（Rex），它每天晚上在散步时间总是静静地坐着并且耐心地等待我完成书稿。我很荣幸能够在这次奇迹旅行中与你们所有人为伴。

琳达·梅特卡夫博士

目　录

第一章

从一个奇迹开始

奇迹只会发生在相信它们的人身上。

——伯纳德·贝伦森

　　一个奇迹怎样改变你的生活？它会让你得到一个好工作？修复你的婚姻？使你停止酗酒？让你青春期的孩子晚上按时回家？使你和你的父母和平相处？让你的老板安静下来？让你的亲友死而复生？改善你的财务状况？

　　如果你在尝试了传统的心理治疗，或者跟自己的朋友长时间聊过之后，仍然感觉被同样的问题和情境所困扰，那么，《奇迹问句——闪耀的心灵之光》就是专门为你而写的，换句话说，如果你曾经说过"如果有奇迹发生就好了"之类的话，这本书将给你希望和方向。不管你的问题是什么，这本书会给你一个机会，让你如愿以偿，并且为你的生活提供新的选择。之所以能够这样，是因为当你停止思考你为什么不能拥有什么，并且看到奇迹出现后会发生什么的时候，你就走在了解决问题的路上。

　　我为什么能够做出如此承诺？因为在 13 年的时间里，我看到很多人在回答了奇迹问句之后生活所发生的改变。然后，他们意识到自己拥有使奇迹发生的力量。不管来访堵的问题是悲伤、性问题、离婚、抑郁、焦虑、愤怒还是上瘾行为，当他们回答完奇迹问句之后，他们就会意识到自己的生命中遗漏了什么，就能从情感上跳出他们的问题，并且开始从自己身上寻找解决问题的方法。他们不需要我给他们建议或者是告诉他们怎么改变。他们在尝试新的体验时，甚至都不需要改变他人或环境。他们只需要回答奇迹问句，从自身寻找答案所带来的不同，然后意识到自己有能力应对这一切。

　　下面几个例子说明了奇迹问句是如何让人们回归正常生活的。每个人都需要一个奇迹，每个人在面临一个巨大问题的时候都是跌跌撞撞的。

一对夫妻

费利克斯(Felix)和伊莱恩(Elaine)：我们需要你帮助我们决定是继续维持婚姻还是离婚。我们结婚 19 年了，有三个儿子，分别是 6 岁、8 岁和 10 岁。我们互相爱着彼此，不过婚姻似乎出现了问题。

费利克斯和伊莱恩是一对四十岁左右的夫妇，他们来找我是因为他们觉得婚姻越来越糟糕。他们告诉我他们谈了 8 年恋爱，从高中开始直到大学。费利克斯在医学院，而伊莱恩主修护理专业，他们习惯了不在一起比较独立的生活，但是在第一个孩子出生以后，他们就没有各自独立的时间了。应付工作和养育孩子都在不断地消耗着两人的精力。他们既对婚姻感到不满，又都因为对方没有为自己留出时间而变得很愤怒。这样的话，还有在一起的必要吗？

一位母亲

帕姆(Pam)：我 3 岁的儿子需要心脏移植，如果找不到合适的心脏，他只能等死。我需要有人帮我渡过这个难关，因为我不能再生育了。

帕姆在咨询的时候哭了，她的儿子马尔科姆(Malcolm)得了一种罕见的肿瘤，并且肿瘤嵌入心脏无法移除。她和丈夫亚历克斯(Alex)最近几乎很少说话，失去儿子的恐惧对他们的婚姻和职业都是一个沉重的打击。帕姆是一个工程师，她的丈夫是一个售货员，他们都想从工作中抽出更多的时间陪伴马尔科姆。儿子可能只有最后一个月的生命了，帕姆要如何应对？

一位职业女性

希拉(Sheila)：今年我已经做了两次人工流产了，但是现在我又怀孕了，我需要决定下周是否要再去做流产。

希拉，24岁，与异性的关系不稳定。作为一个体育教练，她在事业上很成功。尽管她的经济基础很好，但是她很害怕有自己的孩子。希拉很在意孩子的父亲丹尼(Danny)，但是当她告诉丹尼自己怀孕的消息时，他退缩了。希拉来自一个充满爱和支持的家庭，所以她也向往未来和某人生个孩子，这个人能够为孩子提供一种像自己家庭给予自己的那样的家庭生活。但是这样的人并不好找，曾经有两次她感觉似乎是找到了，但是两次都没有达到她期望的结果。现在她很迷茫。

一位职业男性

特里(Terry)：我担心会失去婚姻。虽然我认为我的妻子是世界上最完美的人，但我总是控制不住地对她大喊大叫。

特里是个成功的律师，在6年的婚姻中，他和妻子攒了很多钱，买了房子和很好的汽车。他们有一个儿子。他们有一段噩梦般的关系，特里说这种关系很像他父母之间的关系。特里在长大的过程中很少得到父母的指导，所以他认为爱一个人就是给他足够的物质保障。

这种状况看起来还不错，直到有一天他的妻子玛莎(Martha)告诉他仅仅在一起是不够的。特里说自己已经咨询过两个咨询师了，这两个咨询师都建议他去参加一些关于愤怒管理的课程，但是他觉得自己没有时间去上课。在咨询中，他说母亲对自己一直打骂，让自己情绪低落，特别是在自己的父亲离开之后，每当他想去看父亲的时候，母亲就会对他变本加厉。他的妻子跟他说，除非他寻求咨询师的帮助，不然就要跟他离婚。特里感觉自己像跟母亲结了婚，他要怎样改变才能挽救自己的婚姻，并且不再冒着失去儿子的风险？

我改变了治疗方式的原因

我已经做了 12 年的婚姻和家庭治疗师了，我被不同的家庭、夫妻、成人、孩子、青少年咨询过各种问题。很多人来咨询是因为感到绝望。对于大多数人来说，一个更好的生活依赖于改变，并且是迅速的改变。他们中的很多人是被配偶带来的或者是由于生理疾病才来的。有些人是因酗酒而来，有些人是因暴食而来，有些人是因情绪狂躁而来，还有些人是因其他人告诉他们他们有问题并且需要得到专业的帮助而来。

1991 年之前，我和来访者讨论他们所遇到的问题，并且告诉他们改变自己生活的方法。这些方法有时候有效，有时候无效，但无效的时候，我觉得是来访者没有配合。但是我现在很后悔，来访者努力想告诉我一些事情，但是我没有听到。

我不光没有听到，而且也没有提出正确的问题。我提出那些问题是因为我觉得能够更好地收集信息，理解他们，更好地看到他们的问题和困境。我给他们建议是因为我觉得这个方法是有效的，而且来访者来咨询也是为了得到一些方法。我现在意识到，我从来没有问来访者他们在生活中真正想要什么，我没有意识到他们有力量创造这种可能性。

现在我知道如何去问各种不同的问题。例如：

"假设今晚睡觉的时候，一个奇迹发生了。当你明天早上醒来的时候，你看到自己在做什么、在想什么，就能确认奇迹已经发生了？"

　　对于在这一章里提到的所有来访者，我都使用了奇迹问句，因为他们所有人看起来都需要一个奇迹。我只是作为他们的向导，告诉他们答案就在他们自己身上。我不给他们建议，我也不会说如果不进行一些改变，以前发生的事会严重影响他们未来的生活。当他们讲故事的时候，我只是安静地听着，关注他们的能力，并且当他们感到问题明显降低了他们自信的时候，我帮助他们发现那些被忽视的资源。

　　下面就是来访者如何回答这些奇迹问句的：

一对夫妻

　　伊莱恩：我们刚结婚的时候是最好的朋友。如果奇迹能发生，我们还想再次成为最好的朋友，就像之前一样，一起跳舞、滑雪、聊天。

　　费利克斯：孩子会变得更加友善，我们也会承担更多的教育责任。有时候我觉得自己有必要做每一件事。如果奇迹发生了，我的妻子不会每天晚上跟她的姐妹煲电话粥，我们可以一起辅导孩子的功课。

　　伊莱恩：我们不会再相互指责和怀疑，而是坐下来好好商量做哪些改变，就像之前一样。

　　费利克斯：我觉得我妻子很好了，也希望她再次需要我。如果奇迹发生了，当我回家的时候，她不再继续看书，而是很高兴地看到我回来。

　　最近，这对夫妻重新创造了他们的婚姻，使用的都是奇迹问句里的方法，并且真的有效。由于他们更关注彼此，孩子也表现得更好。他们现在花更多的时间在一起，并且丈夫觉得自己对妻子更重要了。因为妻子之前从未意识到，丈夫晚上回家的时候自己看他一眼对他有如此重要的意义，丈夫也没有意识到妻子还像以前一样爱着舞蹈。两人都意识到他们有着共同的，至少是相似的目标。

一位母亲

帕姆：我最希望的奇迹当然是我儿子能好起来，不过我知道我要现实一些，我希望自己可以在孩子面对挑战和困难的时候，做一个好妈妈，而不是像现在这样只能哭泣，因为我实在是压力太大，也太恐惧了。

我问帕姆，在其他感到压力或恐惧的时候，她是怎么熬过来的。

帕姆：老实说，我的工作是跟计算机打交道，做研究可以让我从问题中脱离出来，并且能够集中注意力。

我问她，如果她自己研究一下孩子的病情，是不是会对缓解压力有帮助。

帕姆：我还没有尝试自己研究孩子的病情，主要是跟医生谈的。我可以上网查一些相关的信息，看能找到什么。

在接下来的一次咨询到来之前，帕姆给我打了电话，她说她已经在网上找到一些相关信息，而且一个外科医生曾经处理过和他儿子一样的情况。在看了孩子的检查结果之后，那个外科医生向帕姆推荐了一位加利福尼亚州的专家。帕姆家人立刻赶赴那里。他们在迪斯尼乐园尽情玩过之后，去拜访那个救了马尔科姆生命的医生。现在马尔科姆已经 8 岁了。

一位职业女性

希拉：如果奇迹发生了，我会有一段稳定的关系，我会用我当年被养育的方式（充满爱与支持，并且有充裕的经济基础）养育我的孩子。

我让她回忆一下过去的这些年令她感到比较稳定、得到外界支持的时光。

希拉：我不知道，我不确定孩子的父亲是不是支持我，我知道我的家人是支持我的。我仍然担心自己是否有稳定的经济能力支撑我自己。

希拉在过去的五年中是自己养活自己的，我也因此表扬了她。同时，我还提到，在工作中她成功地为自己设定了目标，并且很好地完成了它们。我们安排在一周后再次见面，我还请她留意那些已经存在的稳定性和支持性的迹象。

一周后她回来，告诉了我她的决定：

希拉：我们想生下这个孩子，我仔细考虑了你所说的，的确有一些稳定性和支持性的迹象已经存在。我决定做应该做的事。我跟我的父母说了，他们也一如既往地支持我，说我现在就可以跟他们住在一起，生了孩子之后也可以。最好的一点是，当我跟丹尼说我决定要这个孩子的时候，他说让我嫁给他。我们两周后结婚。

他们结婚了，现在已经有了两个孩子。

一位职业男性

特里：奇迹发生的话，我还会和妻子在一起，而且当我在她身边的时候，她不觉得我是一个很蠢的人，并且知道我已经很努力了。我也希望自己能够成为一个更好的父亲。

我问特里，在工作中别人是如何定义他和他们的关系的，以及他是如何与客户和法官一起工作的。

特里：在工作中，我完全不一样。我的秘书跟我说，我是她遇到的最好的老板。她已经跟我一起工作5年了。我的合作伙伴遇到问题也向我咨询，因为他们觉得我在搞定要求苛刻的客户方面很有一套。

我问他，在工作中他是如何让自己保持冷静的。

特里：在我说话之前，我会站到别人的角度考虑问题。在法律学校中，我学到如何让自己呈现出专业的一面，我后来也一直这样做了。

我给他留了一个作业，让他在家面对他的妻子和孩子的时候表现得更专业一些。换句话说，我让他在家里像在工作中那样做。

特里：我从来没有这样想过，我觉得我可以做已经做过的，但我从来没有想到在办公室之外的其他地方也可以这样做。

两个月之后，特里结束了咨询，他和妻子重归于好，并且他从工作中抽出更多的时间来陪伴妻子和孩子。

奇迹问句背后的理论

基于焦点解决治疗的模式来自一种很不同的理念，这种解决问题的方法不需要深入探究过去的历史和解释为什么生活变成了这个样子。在你刚才读到的很多故事中，我只是大致问了一下来访者过去的情况，这是为了更好地了解来访者的能力和心理复原力。只有当我们知道来访者已经具备应对当前困难的能力时，过去才是有帮助的。

当我开始用这种方法的时候，我能看到我的客户是谁，能倾听他们讲述自己目前存在的问题，并对他们所拥有的才能给予更多的时间和关注。他们把我引向他们自己的结论和解决办法。后来他们告诉我，当他们离开咨询室的时候感觉更有力量，身体和情绪上都感觉更好，最后，变得更有希望。下周来的时候，他们已经在生活中做了很多不同的事情。他们注意到别人对他们更加友善，反过来，他们也不用再去做出更多的改变，只要让已经发生的改变保持下去就可以了。

几个知名的心理学家提炼出了解决导向的核心模型。20世纪60年代，亚伯拉罕·马斯洛（Abraham Maslow）认为，心理学的研究方向有偏差，几乎从一开始，大部分的心理咨询就是在探索并试图理解人类情感、行为及心理病态的本质。马斯洛认为，我们应该研究最积极、最健康的人类的核心，并从中学习我们真正想要了解人类什么。

1966年，位于加利福尼亚州的帕洛阿尔托（Palo Alto）的心理研究所（MRI）开始了一项短期治疗的项目。MRI的治疗师认为，在更短的时间内帮助人们解决当前的问题比探索家庭和内在更有效。杰伊·黑利（Jay Haley）和托马斯·萨斯（Thomas Szasz）认为，如果把人们当作正常人对待的话，他们就会表现出正常的行为。

米尔顿·埃里克森（Milton Erickson）确信人们都储备着很多智慧，不过后来可能遗忘了，但这些智慧依然可以加以利用。人本主义心理学、埃里克森疗法和系统疗法都认同对来访者资源和优势利用的重要性，然而这些方法与焦点解决短期治疗法在很多方面并不相同。这几种取向的治疗强调治疗师的专家角色。它们并不严格区分是问题导向还是解决导向，也没有特别提及哲学家维特根斯坦的思想。维特根斯坦的哲学思想是焦点解决的核心组成部分。奇迹问句是来自茵素·金·伯格的创造。她的一位很抑郁的女性来访者说："只有奇迹能帮助我！"（Berg and Dolan，2001）

史蒂夫·迪·沙泽，一位知名的作家和治疗师，认为在治疗中能够打开锁的钥匙是关键，而不是锁本身。换句话说，如果一个人拥有一把可以打开很多锁的万能钥匙的话，就没有必要分析和研究锁本身了。史蒂夫·迪·沙泽和伊夫·利普希克是最早在咨询中使用奇迹问句的。

这个方式在 20 世纪 80 年代早期继续发展。史蒂夫·迪·沙泽和他的妻子茵素·伯格，是密尔沃基短期家庭治疗中心(BFTC)的创立人。他们询问来访者，在咨询的过程中咨询师是如何帮助他们发生改变的。来访者说，在和咨询师交流的过程中，他们发现了自己已经拥有的能力和资源。米歇尔·韦纳-戴维斯那段时间也在短期家庭治疗中心。她问来访者，和第一次咨询相比生活发生了哪些变化。他们对这个问题的回答能指引着米歇尔·韦纳-戴维斯更好地对来访者进行治疗，因为在来访者的回答中已经出现了解决策略。比尔·欧汉隆更是先一步跟来访者讨论可能性而不是问题，这样就给了来访者从创伤中痊愈的机会，如受到性虐待者就能够把自己视为幸存者而不仅仅是受害者。

芝加哥的斯科特·米勒和茵素·伯格甚至曾经跟贫民窟里的酗酒者交流，听出他们拥有改变的迹象，便用这种方法对他们进行治疗。之后，很多酗酒的人都不再酗酒了。这些治疗师只聚焦在胜任力上。今天，焦点解决治疗法已经成为世界范围内广泛接受的一种治疗模式，并且在企业管理中，它也是一个极富吸引力的方式，因为焦点解决治疗师不讨论过去，只关注目标设定和任务进度情况。焦点解决治疗不仅短期，而且高效。

结论

我希望你觉得这本书读起来很容易，而且当你需要解决方法的时候它会对你有所帮助。我尽量摒弃一些心理名词或标签，而是用一些简单的方法给你的生活带来奇迹。主要的过程包括用不同的眼光看待生活，不把注意力放在导致问题的原因上，而是关注问题比较少发生的时候。例如：

- 认识到昨天晚上你们关于家庭作业的争吵让你 10 岁的女儿很伤心，但是却没有激励效果，你也很难过。前天晚上，当你做爆米花和帮她阅读的时候事情就好一些。

- 回顾一下你 14 岁的孩子之前所做的事情，发现哪些事他之前做得比较好，然后问问自己："我当时做的与现在有什么不同？"

- 回想一下你对自己的婚姻感到满意的时候。是每天你的丈夫回家后与你一起讨论事情时的那些时光吗？他做了什么事让你更想靠近他？他说了什么话使你们的夜晚与众不同？

在电影《妙手情真》(*Patch Adams*)中，帕奇(Patch)在自杀未遂后住进了一个精神病院，他遇到了很多病人，不过其中一个让他印象深刻——阿瑟(Arthur)，一个著名的数学家，用一个术语来说"做了太多的算术题"。

阿瑟有个习惯，就是在医院里举着四根手指，并且说："你看到几根手指？"当其他病人跟他说看到四根手指的时候，他会说："你真是疯了！"帕奇对这个问题很着迷。一天晚上，他和阿瑟讨论这个问题。当他说看到四根手指的时候，阿瑟说："不对。看着我，你关注的是问题。如果你只关注问题，那你就无法看到解决方法。看着我。"阿瑟的话使帕奇从不同的角度进行思考。

透过手指，阿瑟的脸由模糊逐渐变得清晰，而这时，帕奇看到了 8 根模糊的手指。当阿瑟又问他看到几根手指的时候，"八根。"他说。"八根是个好答案，你看到了他人由于害怕和不一致所不能看到的东西，这些是其他人看不到的。你可以不用在这里待很久了，你看到的比一个久经风霜的老人还要多，你已经在恢复的路上。"

　　这些故事都是一些真人真事。他们到处寻找解决问题的方法，但是却忘了从自身寻找。他们把注意力放在努力回避或者理解自己的问题上，因此他们看不到解决问题的方法。本书将会向你介绍如何将你生命中其他领域的能力应用到解决当前遇到的问题上。它会帮助你睁开眼睛找到解决策略，而不是只把注意力聚焦在问题上，如此你就能像你希望的那样活得自由。

　　就像我之前提到的，尽管解释说明可以界定情境，但却不能提供解决方法和策略。然而，回顾你之前状态比较好的生活可以为今天的生活提供方法和策略。整个过程是这样的：首先定义你的奇迹，然后回顾你的能力，最后提出实现目标的方法。你不需要明白过去是什么原因使你远离成功，而只需要识别出第一次让你成功的因素。

　　让我们面对改变，并且在命运面前保持自由的精神，这种精神不可战胜。

——海伦·凯勒

第二章

回答奇迹问句

没有人能倒退回去重新开始，但是任何人都可以从现在开始并且达到一个新的未来。

——匿名

马克（Mark）是一个极好的理发师，一天下午他在给我理发的时候看起来比平时热情。一般情况下，他都跟我闲聊最近的旅行或者他的狗。当我跟他说我正在写一本书的时候，他很感兴趣。在我简单介绍了一些书的内容之后，他惊奇地看着我说："太巧了，你都不敢相信我昨天发生了什么！"

他告诉我，他最近感到很抑郁，正在努力想面对抑郁自己能做什么。前天在回家的路上，他被得克萨斯州的一个彩票广告片吸引住了，大奖是 2900 万美元。像很多人一样，他立刻开始想象 2900 万美元能做什么。他说这笔钱能改变他的生活，解决他的问题，因为有了这么多钱，他就能有更多的乐趣，并且不再为工作担忧。

但是他又告诉我一件更好的事情。

马克：当我开车经过广告牌的时候，发生了一些更加非凡的事情。我开始想，如果没有这个大奖，我也可以做一些事情。我可以多和朋友在一起，尝试新的活动，认识新的人，缓解抑郁。这些事根本不用有了这 2900 万美元才能做。

马克不知道奇迹问句，但是他已经回答了这个问题。

当人们想到一个奇迹改变了他们生活的时候，经常忘记问自己："2900 万美元怎样改变了我的生活？"也许你也经常这样想象。我知道，你可能已经对自己说：

"我不需要再工作了。"

"我们家会有一个更好的房子。"

"我们的孩子能考上大学。"

"我可以环游世界。"

这些愿望听起来是不是不太可能实现？事实上，想象自己假如有这样的好运就可以做这么多事情本身更让人郁闷。但是请你保留这种对未来的美好愿望，接下来请你回答这个重要的问题：

"我的愿望将为我做什么？带来什么？"

你可能会这样回答：

"如果我不工作，我就会有更多待在家里的时间，这意味着我和家人有更好的关系。"

"如果我有一个更大的家，我会更喜欢和人们在一起，我会觉得自己更成功，这会给我信心，我也会变得更加容易相处。"

"如果我知道孩子能够上大学，我会为他们做得更多，而不会再指责他们，也不会再为了他们的教育省吃俭用。我会减少在金钱方面的担忧，我会带他们多去旅行，并带他们参加更多的活动。"

"如果我能旅行，哇，我就能看到更多的东西，我会觉得对世界更加了解，并且能够跟人们更好地交流。我的孩子能够和我讨论我们一起做过的事情并且与我建立更好的关系。"

注意到这些目标从不可能变为可能的过程了吗？这个过程将会为你提供一个思考如何使想要的事情发生的机会，并且帮助你探索一些真实的可能性。在本章中，你会被问到你想去哪里，而不是你如何去那里。迪斯尼曾说过："如果你能梦想，你就能做到。"（请记住，他是从一只小老鼠起家的。）

你的奶酪在哪里？

说到老鼠，从斯宾塞·约翰逊（Spencer Johnson）写的《谁动了我的奶酪?》(*Who Moved My Cheese?*)一书中，读者了解到，不采取行动，只坐等改变，以及质疑为什么没有实现目标都是没有用的，换一种方法能够穿越谜团，并且使改变顺势发生。本书的前提就是寻找做事的不同方法一定会使事情的结果变得不同。

在《做一件不同的事》(*Do One Thing Different*)这本书中，比尔·欧汉隆写道："精神病人就是反复地做同一件事，并且体验到不同的结果。"书中有很多童话故事，讲的都是人们做了不同的事并且得到了更好的结果。他建议，当你找不到你的奶酪时，试着改变你思考问题的方式。他鼓励人们觉察自己的感受并回忆自己的过去，但是不要让这些感觉决定自己要做什么。他建议把注意力集中在未来想要什么，而不是过去或现在不想要什么。他也建议人们挑战自己之前的那些惯性的、没有实际帮助的信念，通过心理层面的改变，将困难或麻烦转变为超出平时能力的资源。

这是一个很好的机会，它可以让你意识到，无论你过去的遭遇多么不公平，你都能够成功地应对挑战。有些时候，当问题占据了我们的生活，我们就很难重新聚焦并关注自己如何渡过这个难关，特别是当我们只看到问题的时候。正是这种僵化的思维或是盲区摧毁了我们的希望，使我们沉溺于抑郁、焦虑、愤怒、挫折中。

想一想，当你处于很糟糕的状况时，你开始对环境做出反应的信号是什么?这个信号对你想要的生活带来了怎样的干扰?如果你只是告诉自己你想要更好的生活，然后你依旧回到原来的生活轨道，这就像是让你圆形的生活适合方形的洞，这样注定会失败。你需要改变你生活的某些部分，从而使自己能够保持健康。为了做到这一点，你需要有信心和信念，并具有达成这种目标的观点和行为。你对于本章中的奇迹问句的回答就能带给你这种信念，它会给你提供一个机会让原来的事情暂停下来，让圆形的洞适合你圆形的生活，这就是奇迹问句产生作用的过程。

你的重要他人怎么样？

到目前为止，我们的交流只集中在你身上。有时候仅仅考虑自己是很可怕的，尤其是当你的生命中有重要他人并且他们很可能会受到你新观点影响的时候。想想当你对未来生活的向往被你要承担的对他人的责任限制和扼杀的时候，你就会有更明显的感觉。在下一章中，我们将讨论在你改变的过程中如何应对和调整他人的需要。因为如果我们不讨论别人对你改变的反应，你可能会觉得很不安，所以我们会谈到如何帮助你找到使你感觉更舒服的方式。你也不用把他们的需要放在一边，而是要和他们一起改变。在这个过程中，你可能对他们的关注比对自己还要多，甚至有时候你会觉得因为你要对他们做出反馈，反而感受到更少的阻力和更多的支持。这对那些对改变怀有内疚感的人尤为重要，但不管怎样，开始改变你的生活是值得被尊重的。

在我们开始学习下一章之前，请继续把注意力集中在自己身上，因为只有你自己才知道你所需要的奇迹是什么。放任自己去想象，奇迹是如何给你的生命带来不同的。

现在回答奇迹问句

让我们看看当你回答奇迹问句的时候会发生什么：

> "假设今晚睡觉的时候，一个奇迹发生了。当你明天早上醒来的时候，你看到自己在做什么、在想什么就能确认奇迹已经发生了？"
>
> 记住这些想法，把它们写在下面。
>
> _____
>
> _____
>
> _____
>
> _____
>
> _____

既然你已经开始思考你的奇迹了，那就让我们一起来看一下你写下的行为，并把它们转化为奇迹目标吧。

我的奇迹目标是什么？

如果你像很多人一样，那么在回答奇迹问句的时候，你的想象力就可以自由飞翔，我希望是这样。你的答案很可能反映了这样一种可能性，即有些重要的东西正在或者已经从你生命中丢失。有些可能是你从未体验过但感觉自己应该拥有的，有些是你已经丢失或者忽略的。不管你想要什么，只要它们能带给你更加健康和快乐的生活，都是可以接受的。

让我们慢慢地看看人们的奇迹都包含哪些内容，然后再把这些内容转化为奇迹目标，也可以看看这些奇迹能为你做什么。这一步可以使你更加稳定和现实，并帮你打开通向奇迹的大门。

"我会减掉 50 磅。"

"我会升职。"

"我不会再抑郁。"

"我会心平气和地对待我的孩子。"

"我会停止抱怨。"

"我会离婚并找到一个更好的伴侣。"

这些目标都很重要而且很真诚，作为人们所描述的奇迹的起点，这些目标都很棒。达成这些目标中的任何一个都会对生活的其他领域产生影响。但是请记住，一切都需要快速的改变，同时也需要调整，那些不舒服的状况以及详细说明，很可能使人们由于害怕而很难迈出第一步，这也就是人们为什么在第一个目标达成之前经常退却的原因。

持续的改变发生得比较慢，它还需要考虑你所处的系统（家庭、婚姻和工作）带来的阻碍。以对关系的期待、要承担的工作责任、健康问题等形式呈现的阻碍，可能会影响一个人专注于目标的动机。尽管上面所描述的这些目标都能够引导人们走向更好的生活，但是人们能够不受任何阻碍和挑战地马上实现这些目标的可能性却很小，这也是人们会回到老路并且放弃的原因，但是奇迹问句却不同。

理解奇迹目标

让我们再来看看上面所提到的那些目标。当我让来访者思考奇迹能够为他们做什么的时候，这些目标就有了新的含义。请你注意一下，在保留原有目标初衷的情况下，我是如何通过一些细微的改变使这些目标变得更加具体、现实和可操作的。

我问来访者："如果在不久的将来你实现了奇迹目标的一小部分，你觉得它会为你带来什么呢？"

- "当我减掉50磅之后，我会感觉自己更有吸引力，我就可能更合群。我会健身是因为这样能使我更轻盈。"
- "当我晋升后，我会觉得我投入了多年的工作给我带来了幸福感，这会让我更自信。当我更自信的时候，我会很渴望工作，我也可能会做一些不同的、冒险的事情。"

- "如果我变得更快乐，我妻子也会更快乐，我们会在一起做那些曾经让我们开心的事情。我觉得这种感觉已经好久没有出现了。如果我不再抑郁，我会更多地走出家门。"

- "当我学会更加平静的时候，我17岁的儿子能和我相处得更好，我觉得我们可能有机会开始一种新的关系。我不会在所有的时候都很生气，而是能够时常微笑，这是一种真正的转变。我会对周围的人更友好，他们也会更好地回应我。"

- "当我更加清醒和健康的时候，周末我可以起来和孩子们一起玩游戏。我充满能量，我会变得更有效率，工作也会进展得很好。我会更富有，我丈夫愿意花更多的时间陪我。"

- "在一段不同的、安全的关系中，我会自己做出决定，并且跟随自己所做的决定。我会更多地为自己着想，而不是整日如履薄冰、战战兢兢。我会出去找一个好工作，和朋友一起做更多的事情。我也会有更好的心情。"

把目标变成新的行动

让我们来看看如何实现第一个目标。这是关于萨拉（Sarah）的故事，她为自己的酗酒问题设定的目标是变得健康，而不仅仅是少喝酒。

萨拉：如果奇迹发生，我会保持清醒的状态。

琳达：很好，保持清醒能够帮你做什么？

萨拉：我会更健康，我会有工作，我的家庭生活也会改善，我的孩子也会为我骄傲。

当意识到酒精依赖给生理和心理所造成的困境，以及解决这一问题的办法仅仅就是戒除酒瘾时，萨拉就能够想到保持清醒的状态能够提升她的生活品质。但是在过去几十年里，戒除酒瘾却始终困扰和挑战着人们，因为人们发现放弃一件能给他们带来安慰的事太可怕了，也几乎不可能。即使这种安慰是危险的，并且会严重影响他们的身心健康，他们也很难做到。

当人们面对这个挑战的时候，过度饮酒者只会看到一个没有酒的生活，感觉生活的其他方面一点都没改变，认为这是一项太难完成的任务，所以戒除酒瘾在心理治疗中成为最难处理的问题之一也就不足为奇了。如果让人们在戒除酒瘾的过程中去描绘一个更丰富多彩、更有吸引力的生活，并在达成目标的过程中设置很多小的成就，那么达成目标就会成为一个不断获得而不是失去的过程，人们就会更容易坚持。因为它不再是生活的噩梦，而成为不断提升的过程。

琳达：跟我说说，你的家庭生活很和谐，你感觉更健康，并且你有工作的那些时光吧。

萨拉：从 5 年前开始喝酒以来，我就没有太多这样的时候。当我住在芝加哥的时候，情况好一些。我非常努力地工作，并且对老板负责，我连续几年得到提升，但是由于太努力我吃不消了。在辞掉这份工作之后，我花更多的时间在家里照顾孩子，同时也找工作，那时候我们相处得很好。当然，在我找到最后一个工作的时候，我不得不放弃在家的时间。我经常出差，在路上我感到很孤独，所以我就经常光顾酒吧，我因此被解雇了。

琳达：所以当你有工作并且要持续不断地承担责任时，情况会好一些；当你在家照顾孩子和在工作两边忙的时候，你会觉得孤独。这告诉你什么呢？之前你对工作是怎么看的？

萨拉：看起来我是一个需要有条理工作和有规律生活的人。我想我可以选择至少有一天去孩子爸爸那里看我的孩子，他们也许会喜欢。我因喝酒特别负疚，我觉得他们不想看到我。

琳达：喝酒给你带来什么呢？

萨拉：就像我说的，当我觉得孤独的时候，喝酒是一种社交活动。我也觉得它能让我更放松。更确切地说，我觉得换一种新酒能让我工作更有效率，但是得到的结果却是被解雇，这时我才意识到，我走得太远了。

琳达：找到一种不需要酒精就能让你提升工作效率，同时也能让你觉得更放松的社交活动很重要。

萨拉：是的。

琳达：告诉我你没有喝酒，但是工作效率提升，你也更放松的时候。

萨拉：我刚结婚并且有工作的时候。那时候我能忍住不喝酒是因为我想保持健康，但是发生了那次事情之后，情况就急转直下了。

琳达：在不依赖酒精的情况下，你做了什么使自己把注意力放在工作和社交上？

萨拉：我那时候特别关注我的健康。我是一个年轻的女性，刚刚大学毕业，还没有孩子。我努力工作，这种感觉让我放松。我列了一个能让自己的工作保持条理和节奏的清单，我一次次地得到提升。

琳达：你知道，你的奇迹目标是可以达成的，因为你以前曾经做到过。

萨拉：我猜我是做到过的，但我从来没有这样想过。

琳达：如果可以跳入你刚才描述的奇迹中，仅一个星期的时间，你的孩子能看到什么会让你觉得很自豪？

萨拉：他们会再次看到一个自信、有能量、和他们一起踢足球的妈妈。

琳达：你下星期的工作就是向他们呈现出这种状态。让我们看看你过去是怎样做到的，这样你就可以用同样的想法和行动去达成你的目标。

你可能注意到了，萨拉的回答为她自己创造了一个方向。变得更健康，持续工作，改善家庭生活，这些行为比停止酗酒会更容易开始。尽管不再酗酒是主要目标，但更重要的是这些行为是她自己发现的事实。我没有跟她说她必须停止酗酒或改变这个习惯之类的话，但事实上，如果要做一些使她更健康的事情，她就必须要少喝酒。

请注意我说的是少喝酒，我也在避免谈论关于酗酒的话题。当然，理想的状态是让她停止喝酒，但是很多依赖酒精才能生存的人不愿意这样做。提高工作效能和改善家庭生活意味着转变，这种转变使喝酒不再是优先考虑的事情。

请大家记住，在设定奇迹问句目标的时候要聚焦在会发生什么不同上，而不是关注什么将不再发生。如果想让萨拉不再喝酒，只有让她找到一个更具有成效的行为替代喝酒才会有效。这就是我问她"喝酒能为你带来什么？"这个问题的原因。当她说自己想变得更健康，想要一个更好的家庭生活和提高自己的工作效能时，我就给她指出另外一个方向，并且帮助她关注可以慢慢开始改变的几个任务。奇迹问句需要我们回答我们渴望什么，而不是不想要什么。

请注意，如何说"少喝酒"很重要。我并不是说一个酒精上瘾者可以继续喝酒，并且依旧能够在以后的生活中发生改变。如果你或者你所爱的人酒精上瘾，并且对自己的生理、心理，以及对他人的生活带来了伤害，那非常重要的事就是要联系医生并得到专业治疗。这本书里的方法对那些开始设定目标并打算重建自己人生的人有帮助。专业治疗可以使他们从危险中脱离出来，获得自由。第八章里包含很多如何用奇迹问句处理不良习惯的内容，如果你特别关心这个问题，你可以在读完第四章后直接跳到第八章。

更多的奇迹变为奇迹目标

下面这些关于奇迹目标的例子可以帮助你更好地理解在接下来的练习中奇迹能为你做什么。

I 奇迹	II 奇迹能做什么/带来什么
我会中奖	我会觉得经济有保障
我的配偶更加注意我	我感到被爱
我会争取我的权利	我感到自己很重要
我不再困惑	我做出好的选择
我妻子想跟我和解	我会觉得自己很安全
我会和父母相处得很好	我觉得自己被支持和被爱
我不再生病	我更好地享受生活
我丈夫死而复生	我感觉很满足而且不那么孤独

第一列的很多奇迹看起来都不现实——事实上有些是不可能发生的——但是请注意第二列，当人们被问到奇迹能给他们带来什么的时候发生了什么？他们变得更为现实和注意到可能性。第二列中由于使用了更为具体的行为，这些目标变得更清晰了。在第四章里，我们会讨论这些新的目标怎样变成直接的行动计划。

在做下面练习的时候，请你记住这个过程。它会带你经历这个过程，让你清楚你的奇迹或奇迹目标意味着什么。如果你和其他人一起做这个练习，告诉他你需要他跟你一起通过头脑风暴得到更多新的点子，但是你不需要他的建议。告诉他你需要他持续关注你想要什么，而不是不想要什么，这种思考问题的新方式会改变你的反应。

奇迹行动

描述一下，当你的奇迹答案（在上一个练习中你列出来的）开始发生的时候，它会为你带来什么？

_____

_____

_____

_____

　　既然你已经确认了你希望奇迹能帮你做出哪些改变，你就已经有了必要的信息让自己往前走了。你已经开始冒险，梦想有一段更美好的时光，然后花时间去描述那个梦想能为你带来什么。如果你觉得定义你的奇迹很困难，那就继续阅读。很多人在奇迹问句中挣扎，因为他们的生活是如此低落、抑郁和挫折重重，以至于这些成为占据他们生活舞台的大部分内容。下面这一部分能帮助你换一种回答奇迹问句的方法。

顺便说一下……和奇迹问句做斗争也没关系

　　我们注意到，很多人都会面临一些相似的情况：有些人在尝试一段时间之后又会回到原来的状态，因为他们总是觉得有些人或有些事阻碍了他们实现奇迹。如果你纠结于自己行动之后收获很少，不用失望，这仅仅意味着阻碍你成为想成为的人的是问题，而不是你自己。

　　再回顾一下：

- 特里认为他的母亲是造成他不能和女性保持良好关系的主要原因。
- 希拉觉得她需要一个传统的"白色栅栏"保护区，只有这样

　　她才能成功地养育一个孩子。没有这样的环境，她便不能
　　做出生育孩子的决定。

　　显而易见，知道问题本身并不足以让当事人知道如何改变，因为这些原因总是跟其他人有关，跟某些信念有关，跟某种未来可能会妨碍他们的情境有关。他们对自己的期待之光刚刚被微弱的可能性点亮，愤怒、痛苦又将他们拖进黑暗中。他们对自己的奇迹有一个新的期待，因为只有他们才知道这个奇迹对自己的生命意味着什么。

　　安娜（Anna）就是这样一个来访者，下面是她的故事。

一个不能回答奇迹问句的来访者

　　安娜已经失去了向丈夫诉说自己如何不快乐的兴趣。丈夫曾经告诉她要多出去做一些自己喜欢的事，"雇一个人去购物吧。"安娜变得很抑郁，开始周密地策划离婚。我丈夫怎么能这么无情呢？当我问了她奇迹问句之后，她说自己太抑郁了，以至于无法想象有更好的时候，所以不能回答这个问题。对此，我并不奇怪。

　　当安娜告诉我关于她的生活的时候，我发现，在遇到其他困难的时候，她有能力应对和处理。我了解到，她有一个不愉快的童年，经常被父母斥责，17岁那年搬出家自己住。在经历了一些不好的交往关系之后，遇到了现在的丈夫。她的丈夫当时被她的独立所吸引。安娜在谈到自己的两个孩子时很深情，她特别自豪于孩子们在学校的出色表现，她甚至谈到了她丈夫近些年如何成功地创立了企业。事实上，现在她仍然能照顾自己的孩子，日常生活也没有因为她的抑郁受到特别明显的影响。这些都说明她可以试着用不同的答案回答一些奇迹问句。

　　琳达：接下来的一周，我希望你好好观察自己，观察自己在

哪些时间、地点和情境中感觉没有那么悲伤。这种情境可以在任何可能的时间出现。如果你能够把你的发现记录下来就更好了，希望你下次来的时候，我能听到你观察到的不同。

下次来的时候，安娜告诉我，有一天当她作为志愿者参加女儿小学活动的时候，她感觉很好。

安娜：上周发生了一些……怎么说呢，好事。我花了一下午的时间以志愿者的身份在家长教师协会（PTA）会议上为大家供应午餐。我平时都是在家工作，所以没有太多社会交往，但是上次午餐之后，我发现我很喜欢这样的场合。我甚至想再打电话问问学校这周有没有需要我帮忙的地方。我意识到我要愿意成为某个团体的一部分（微笑），我觉得跟那些女性在一起有很熟悉的感觉，我从来没有想到我会这么享受这个过程。

在接下来的那一学年中，安娜成为家长教师协会的服务主席。她喜欢这个职位，因为虽然需要每个月参加一次会议，但也不会耽误她在家庭企业中的工作时间。这些新的活动足以让安娜建立新的友谊，并且给她的社会生活提供了必要的支持。

安娜还告诉我，她丈夫因她所承担的职务而对她刮目相看，同时也注意到这个职务所带给她的快乐。当他们两人相处的时候，安娜也能跟丈夫谈论这些了。因为他们的谈话内容聚焦在这些话题上，而不是家务、生意和孩子上，所以丈夫也很感兴趣。事实上，随着她在学校做志愿者次数的增多，她对丈夫的愤怒越来越少了。

她也不用通过跟丈夫离婚来得到自己想要的生活了。当她用短期的使人满意的目标回答奇迹问句时，她已经能够注意到自己的变化，也能体验到自己可以有更好状态的时间。通过观察自己的奇迹，她逐渐停止指责丈夫，开始意识到自己能做一些不同的事情，并且马上采取行动。她把对家庭的责任转化为对自己的责任。我们来看看这个过程是如何发展的：

奇迹问句起效的过程

安娜的奇迹：安娜注意到，如果想得到奇迹，她需要参与一些社会活动，并且做出自己的贡献，尤其是在自己女儿的学校中，她说自己很享受与同龄女性会面的感觉。

奇迹目标：安娜觉得，对于自己来说，从属于一个有共同兴趣的团体很重要。她喜欢学校的氛围，她想有所贡献，并且喜欢那种自己可以使事情有所变化的感觉。

例外：安娜是一个强大的、有能力的人，曾经忍受了不幸的童年，被疏于照顾，但是只有十几岁的时候就能自己搬出来住，并照顾好自己。作为母亲和妻子，她忍受着抑郁，但仍然可以照顾现在的家庭。她具有为自己设定目标并且独立达成目标的能力。

行动计划：安娜愿意在每周规律的生活中抽出一部分时间参与社会活动，这将增加她和其他人接触的机会，尤其是在她女儿的学校里，这会让她感觉自己的贡献特别重要。

结果：安娜每周固定的社会活动和家长教师协会中的工作对她来说意义非凡。她感觉自己很棒，并且跟丈夫多次提到，自己可以不依赖他也能获得价值感。而丈夫也很佩服她的新行为，并且认可她的努力。

一个可替代奇迹问句的练习

如果对于本章开始的奇迹问句你还没有想好怎么回答，按照下面的步骤做也许能够帮助你。

1. 明天或者下周，你观察一下，什么时间的情形好一些。对这些时间做一个描述：

_____

_____

2. 什么样的活动或互动让你感到更满意？写下来：

_____

_____

3. 这些活动或互动能为你做什么？把你在活动中的感受和想法写下来：

_____

_____

4. 如果你定期增加更多这样的活动，你的生活会有什么改变？

_____

_____

这个过程使用了奇迹问句背后很多相同的概念，是另外一种确定你的奇迹中包含哪些元素的方法。读了安娜的故事之后，你就能了解这个过程是如何发展的了。下面就是这个过程的一个大纲：

1. 奇迹：对奇迹问句的回答。

2. 奇迹目标：对奇迹问句的回答将如何影响一个人的生活。

3. 例外：对于目标更多达成、问题更少出现时期的一个描述。

4. 行动计划：通过核查目标和例外所形成的计划。

5. 结果：什么发生了改变，以及行为怎样导致了变化。

你甚至可以帮助别人明确他们的奇迹

你能想象到自己能做到这些吗？这是可能的！你可能认识这样的人，他们总是抱怨，却很少采取行动去改变。如果直接向人们指出他们的这些问题，很难产生效果，因为这种方式是无礼的且不尊重人的。当人们感到不被尊重时，他们就会拒绝改变。因此，我们需要关注如何做才可以使人们不再抱怨那些不想要的东西，而是去思考他们想要什么。

对于那些爱抱怨的人，我们可以换个角度，把他们看成被困住的人，而非对所有事情都指责怪罪的人。对一些人来说，抱怨比行动更容易。看看你的工作中，你的家族中，以及治疗团体中，听听人们在讨论和参与的话题，观察那些总是抱怨但不进行任何改变的人。有些人发誓说一定要洗心革面，但是为什么后来又开始抱怨了呢？当他们的听众都回家了，没有人留下来继续听他们的故事时，他们该怎么做呢？你知道答案。下次跟他们谈话的时候做点不同的事情。当你把他们看成被困住的、迷失方向的人，你跟他们交谈的方式也会不同：

"听起来的确让人困惑，我想知道你是如何忍受这么久的？你是如何让事态发展成这样的？"

来访者可能很震惊或很愤怒，可能会告诉你："我不想要这些，也不想要那些。"你尽管可以平静、温和地跟他说：

"我并不是指责你，那你想要什么呢？"

持续推进你的提问，并且控制自己的挫败感，直到来访者告诉你他真正想要什么。这可能需要时间，但是最终来访者会意识到他抱怨的人不想听到自己的抱怨。如果来访者还是无法告诉你他们想要什么，问问他们想在哪些方面有所不同，然后约定下一次访谈的时间来谈论这个话题。这对你也是一种很好的训练，特别是当你某一天想要抱怨的时候。你对儿童、青少年或成人都可以使用这个技术。事实上，年龄越小的人越容易从这个对话中明确自己想要什么。下次在员工大会上你可以使用这种方法，然后你会看到有些人挠头，有些人使劲点头，有些人冲你微笑，这会使会议更高效。

结论

你现在已经回答了奇迹问句，并且明确了自己的奇迹目标。我希望你感到很放松，并且回忆一下这种理想的行动在什么时间发生过。如果你把它们定义为奇迹，那么很可能它们在另外一种情境中曾发生过一次或两次，否则你也不会希望它们再次出现。下一章我们会帮助你学习如何确认那些你曾经经历的奇迹时刻并再次实现它们。你可以通过确认你的"例外"做到这些。

我们是自己故事的英雄。

——玛丽·麦卡锡

第三章

寻找例外

你看到了什么主要取决于你在找什么。

——约翰·卢伯克

今天你感觉什么比较好一些？

当你回顾过去的一两天，甚至昨天晚上的时候，想想发生的那些对你来说比较好的事情。有了这些关于奇迹的新想法以及它所创造的希望，我敢打赌说一定有些事情变好了，即使只变好了一点点。写下那些变好的事情：

_____

_____

谁注意到事情变好了或评论过你变好了？

_____

如果没有人注意到或者没说什么，写下那些你觉得他们应该注意到的你变好的迹象：

_____

_____

_____

_____

你刚才写下的这些回答就是"例外"。例外就是生活比较顺畅，或者问题不那么严重的时候。在本章中，你所承担的任务是明确你生活比较好的时刻。你会通过一些练习明确自己的例外，你会使用奇迹目标和对奇迹目标的回答来找寻在过去的经历中奇迹达成的时刻。你的例外将引领你一次又一次地达成奇迹目标，你也可以明确你周围人的例外。

处于例外的状态不容易——但是你可以

治疗师迈克尔·怀特曾经分享过这样的想法：

> 生命就像一条路，当我们走在路上时，一直有障碍。我们跨过一个，接着又来了一个，这让我们感到很气馁。每次我们都不知道该如何跨过下一个。但是，我们需要做的仅仅是回头看一下那些我们已经成功跨越的障碍。

在你寻找例外的时候，请记得例外就是你成功应对了问题，使它们不再特别困扰你的时刻。例外也是帮助你获得你想要的生活的工具。例如，当你开始确认工作中人们可以相互配合、相互协调的时刻时，你可能会发现是你的接近才使他们变得不同；当你确认成功处理家人关系的方法时，你会发现那些令你吃惊的例外会对你所爱的人产生影响。不管这些例外是你自己发现的，还是别人向你描述的，它们都是通往成功的钥匙。

有些人在寻找例外的时候有困难，因为他们太关注自己的问题了。如果你还是怀疑自己从来没有成功过，或者没有例外，请看看下面的陈述。在每个陈述后面我都加了例外评量问题，以帮助人们意识到他们其实比自己认为得更成功，同时意识到事情并没有他们想象得那么糟糕。试着找出与自己类似的情境，然后思考下面的问题。

"我经常抑郁，我觉得我一辈子都会抑郁下去。"

琳达：请解释一下，你如何成功地获得了大学学位，结了婚，生了一个孩子，有一份工作，尽管你不是很喜欢。你如何在抑郁的状态下完成这些事情的？他们认为你是怎样的人？

"我做任何工作都不成功。"

琳达：那你能告诉我，这份工作你是怎样坚持了两年多吗？

另外一份坚持了 6 个月，你是怎么做到的？你的同事和老板会如何评价你？告诉我那些你感觉有些许成就感的时刻。

"我从来无法维持一段关系……肯定是我出了问题。"

琳达：你曾经告诉我，你和朋友从高中开始就在一起，并且参加每年的高中纪念活动。你还告诉我，你是教堂的志愿者，并且你能和自己 6 岁的女儿保持良好的关系，尽管你和妻子已经离婚了。你保持这些关系的秘诀是什么？

"我总是在暴怒的时候跟女儿发火，事后又后悔。"

琳达：在我们交流的过程中，我知道你有一份压力很大的工作。你说你做秘书已经 5 年了。你说你在每天的工作中都承受着很大的压力，所以回到家之后就爆发了。你能告诉我你是如何在 8 小时的工作中保持冷静的吗？

"生活对我来说压力很大，我从来都搞不定任何事情！"

琳达：作为四个孩子的母亲，而且其中两个是双胞胎，我很好奇你还有时间跟我谈话。你说当你忙不过来的时候，你会请一个保姆来帮忙。你怎么知道要那样做？今天你是如何成功地来这里跟我谈话的？

"我儿子 16 岁读高中，我很担心搬家到这里不是一个好主意，我担心他毕不了业，因为他看起来压力很大。我们从他出生到现在已经搬了 3 次家了，我觉得特别对不起他。"

琳达：你儿子到现在还在继续上学，他是怎么做到的？当他过去在学校遇到挑战和困难的时候，他是怎样做的？在你们之前搬家的时候，他是怎样适应的？你能够做什么来帮助他缓解压力？

"我们结婚 15 年了，但一直在争吵，我想不起来我们不吵架的时候，好像从来没有过。"

琳达：给我讲讲你们第一次被对方吸引时候的事吧。什么让你想跟他结婚？你怎样让自己跟他待了 15 年，尽管你们一直不停地争吵？告诉我，你们争吵后如何处理这个局面？

"我父亲太有控制欲了。我已经 26 岁了，我想有自己的生活，但我父亲还一直告诉我如何生活，就像我还是一个 6 岁的孩子一样。我不想无情地对待他，因为他现在老了，但是我真的希望他能把我当成年人看。"

琳达：你是如何做到自己搬出来住，并且拥有自己的生活的？过去你是否对父亲说过自己需要什么？你父亲曾何时将你作为一个成人去看待？与把你当成人看待的人相处时，你是怎么做的？

当我聚焦于例外，而不是人们不能成功的原因时，他们马上会换一种思考方式或评价方式。当考虑例外的时候，就好像一个装满了窍门的书包放在你面前，里面的东西都是你的，你可以随意支配。这些新的想法会带来新的任务，新的任务会带来新的结果，改变就这样发生了。

永远不要说永远　总是忽略总是

从你的字典中把"永远""从不"等词去掉很重要，它们是两个把人们困在不开心状态的陷阱。"永远"和"从不"没有给希望和可能留下空间。但是事实上，没有人一周 7 天，一天 24 小时都是愤怒的，也极少有人一周 7 天每天都抑郁，特别是当人们有家庭、有工作的时候，他们都可以在自己的情绪有困扰的时候继续生活。

如果你认为事情总是发生在你身上，而且你也无能为力的话，那么你就会剥夺自己获取向新的方向打开大门的机会。仅仅是想法就很有力量。奇迹问句就是帮助你从不能做什么变为能做什么或者已经做了什么。如果有一天，你听到很多人说"从来做不到"或者"总是有问题"，你可以想象一下，他们会快乐和高效吗？他们很可能不快乐，而且抱怨比行动多。别让你自己成为他们中的一员。

练习3.1　寻找例外

让我们从寻找你目前的例外开始：

想想最近在家庭生活比较顺畅的时候，你为孩子、配偶、男女朋友做了什么使事情变得更好？这些事对每个人来说都好吗？

_____

_____

_____

_____

上周在工作中你做了什么使事情变得更好？你的老板对你的所作所为说了什么？

_____

_____

你最近参加了什么健身运动让自己更健康？

_____

_____

_____

昨天晚上你做了一件什么事使夜晚更美好？

_____

_____

> 你的配偶最近对你说了什么，做了什么使你们的关系变得
> 更好？
>
> _____
>
> _____
>
> _____

如果你发现自己在回答这些问题的时候很纠结，不要觉得奇怪。刚开始的时候我们发现寻找例外有点难。我们大部分都能准确指出昨天什么地方不对劲，因为那些问题干扰了我们的日常生活。但是你想想，每天有 24 小时，每周有 168 小时，肯定会有问题不发生的时候。

所以，例外就是问题没有发生的时候，这个练习就是帮你找到这些时刻。从现在开始，要敏感地觉察出那些问题没有发生的时刻，你会发现对这些时刻的寻找也像发现其他时刻一样明确和简单。你可以问自己："今天早上、下午和晚上哪些事情更好了？"可能是你在陪女儿去学校的路上聊天的时候，她没有像平时那么强硬。你做了什么不一样的？对于你做的不一样的地方，你女儿会怎么说？开始学着在心里做笔记吧。把场景、地点、参与的人，最重要的是你在经历这些行为时的所做所想在心中做出标记。

记住：不要做任何新的事情

当你在使用奇迹问句的过程中，很重要的一点是要避免做那些你从来没有做过的事情。换句话说，不要尝试一些新的行为，除非你以前曾经成功地做到过类似的行为。当你回头看自己之前曾经成功改变的事情的时候，你会得到一个暗示：你现在也可以做到。它们不是新的行为——它们是已经成功的行为。最艰难的

事情是你要看到你是如何做到的，而不是关注你做不到的那部分。

例如，我曾经与乔治（George）一起工作，他酷爱赌博，而且觉得自己的"赌瘾"是一个新的问题。他的婚姻也处在危险的境地。当他告诉我 10 年前他成功地戒掉可卡因的时候，我就知道，他其实知道该如何戒掉这个新的坏习惯。当我们谈论这两种问题之间的相似性的时候，他自己就能够指出需要做什么了。在戒掉可卡因的时候，他为了使自己远离可卡因，就去了一个专业的治疗中心。之后他又想象周围那些因吸毒而去世的人们都被放在一个个骨灰盒里。从这个信息中，我们讨论如何使他远离薪水，因为每周五他都把薪水取出来，然后到赛马场下赌注。他决定设定自动存储功能，这样每周他就收不到现金了。

我又让他想象，由于他每周五都会用完自己下一周的薪水，他的婚姻也会因此被放进骨灰盒里。说到这里的时候，他立刻哭了。开始我还有点担心，对于薪水使用方式这么直接的改变他可能会需要一段时间去适应，但是我的担心是多余的——乔治很快就在周五下午封锁、冻结了自己的账户，并且一直持续到现在，他再也没有故态复萌，他的婚姻也一直持续着。

练习 3.2　使行为和例外匹配

下面的问题不是让你找到问题没有发生的时刻，而是让你发现问题比较轻微或不经常发生的时刻。对很多人来说，当事情进展顺畅时，他们可能因为太高兴而忽视了这些变化。尽管如此，这些时刻还是提示我们要注意和捕捉这些例外。考虑一下你能基本达成你所设定的同类型的目标时的各种情境，跳出你当前的奇迹状态，看看生活中的其他领域。

你可能是一名因耐心而著称的优秀的秘书，然而当你晚上回到家的时候，13 岁的女儿给你惹了很大的麻烦。你在工作中是如何应对那些盛怒的客户的？你对自己说了什么？如果今晚把这些方法用在你女儿身上，会有什么不同？你在工作中处理事情的方法就是一种例外。你遇到的挫折是一样的，你却在不同的情境中使用了不同的方法，但是主要的技能是一样的。

你的奇迹会为你做什么？

在这里写下第二章里你的奇迹目标（你的奇迹会为你做什么），然后通过接下来的这些问题明确与这些目标相匹配的行为。

_____

_____

_____

_____

_____

_____

描述一下在类似或其他情境中你的奇迹目标基本实现的时刻。

当我们看到在生活里的不同场景中那些让我们达到想要的行为动力的时候，我们就可以界定，那些动力就是应对当前困境的策略。有时候，我们自己看不到这些策略，但是其他人可以。当这些策略被指出来的时候，我们就知道如何应对危机情境。不要再焦虑，而是问自己这样的问题："以前我是如何处理这类问题的？"这会立刻让你找到一些方法，你也会马上平静下来，因为你已经找到一些有效的策略了。

_____

_____

_____

_____

_____

_____

　　你觉得自己如何做可以有助于例外的发生？你在哪里？谁和你在一起或谁没有和你在一起？各方面有什么不同？

_____

_____

_____

_____

　　其他人是如何描述你达到以上例外的过程的？他们会说你是凭借哪些品质、优势和能力而达到这些例外的？

_____

_____

_____

_____

_____

在最后一个练习中，你列出的那些例外会成为第四章中指导你的行为计划的策略。当你接着读下面这个故事的时候，你会对卡拉（Carla）所发现的自己的例外感同身受。如果你有更多的感受，请回到前面的练习中加上更多的例外。这些练习仅仅是个开始。当你以不同的眼光看待你的生活的时候，你会发现更多的例外。

过一种不抑郁的生活

在下面的案例中，例外评量问题激励着卡拉，一个被抑郁和慢性疲劳综合征困扰着、看不到任何希望的女性。当你读这些信息的时候，注意卡拉的例外。

卡拉来咨询是因为她被诊断出患上了慢性疲劳综合征，医生认为跟别人聊一聊能帮助她更好地应对抑郁。她四年来一直干着一个自己非常不喜欢的工作，更糟糕的是，她的父母不接受她的生活方式——她和简（Jan）一起住，她很爱她，也希望父母能接受她的决定。卡拉已经拜访了几个医生了，其中有一个家庭治疗师想找到她抑郁的答案，他制订了一个抗抑郁的方案，不过卡拉进展缓慢。最终，她又变得无力，并且说自己连从床上爬起来的能量都没有。休息得越多，她越觉得抑郁和疲惫，好像生活没有方向了。我问了卡拉奇迹问句，她是这样回答的：

卡拉：如果奇迹发生了，我会辞掉现在的工作。你不知道我每天多想离开，我并不是不想工作，而是想在另一个不同的领域，去做更加有创造力和有趣的工作。我会不那么抑郁，也会更加有活力地做事，使事情发生改变。我总是试图取悦别人。我希望父母能接受简是我的爱人这件事，而不是忽略我们在一起的事实。

琳达：告诉我你什么时候不那么抑郁，或者对你父母的看法不那么担心。

卡拉：当我看到我的侄子和侄女的时候会好些。我爱孩子，而且喜欢看我母亲跟她的孙子、孙女们在一起，我感觉我们是一家人，这时候抑郁就会减弱一些。有时候我会照看这些孩子们一个星期，尽管我会非常忙碌，但是和他们在一起我很少感觉到累。

琳达：侄子和侄女在你身边为你带来什么？

卡拉：我感到很满足，我想拥有自己的孩子。我曾经想过收养一个孩子，但是我不确定简怎么想。我曾经就这个事情暗示过，但是她没有回应。我知道我需要面对没有孩子的可能性，这让我很伤心。

卡拉的反馈非常重要，因为她描述了三种不同的情境——换一个满意的工作，让父母接受简，照顾孩子。能够照顾孩子并和简建立一个家庭，看起来是最大的不同，其中蕴含着改变的可能。

琳达：如果奇迹发生，你不用工作，也有了孩子，这些会带给你什么？

卡拉：我会感到被爱，感到自己很重要，就像需要得到了满足那样。我会努力让我的生活变得更好。我非常喜欢孩子。

琳达：你在生活中其他什么地方还能感受到被爱，感到自己很重要以及感到开心一些？

卡拉：每周日上午我会在教堂的幼儿园工作，这是最挑战的时刻，不过也是我一周中最闪亮的时刻。我经常去一家玩具店，并且在通道中看书、玩具和其他儿童用品。我甚至想在这样的商店工作，不过考虑到我的病，我不能想象自己能够一天工作 8 小时。

琳达：当你周围有孩子或者与孩子有关的物品时，你很快乐。在接下来的一周内我需要你做一些不同的事情，我不确定你会怎样做，但是我希望你多做一些与孩子有关的事情。当你和我谈到孩子的时候，你在我们的交谈中第一次展露笑颜，我觉得你忽略了这个信息。

卡拉：我也觉得是，我猜我已经决定了一些之前没有决定的事情。

琳达：下周的时候，选一天或两天，假装奇迹已经发生了，你可以过你想要的生活。

第二周卡拉来的时候告诉我，她和简已经去了一个收养机构。她们其实都有这个想法，不过一直都在拖延，直到卡拉告诉简她和我之间的谈话。她还告诉我她已经决定要开一家网店，卖儿童读物和其他用品。她很享受去商场看儿童用品专柜的过程，而且十几岁的时候她还在一家儿童商店工作过。在回顾自己生活的时候，她发现和孩子们在一起，也包括和自己的侄子、侄女在一起给自己带来了最大的快乐。

今天，卡拉和简的儿子亚当（Adam）已经 4 岁了。卡拉成功地经营着一家网店，这样她可以一边工作一边在家里照顾孩子。简和儿子在一起也很开心。节假日的时候，卡拉带着亚当拜访亲友。她说这是她有记忆以来最有能量、最快乐的时候。她的父母也更加接受简了，因为他们感到了与外孙之间的联结。

如果你注意到的话就会发现，是那些关注如何使事情变得更好的语言帮助了卡拉。只询问事情是如何发生的，以及哪里出了问题很少能给我们带来新的方向，反而使我们屈服于命运，让我们现在的生活变得黑暗，也扼杀了我们的梦想。我们可以做得更好的秘诀是看到那些我们成功的时刻，即使只有一点小小的进步。

卡拉的奇迹：更多的能量，一个新的工作，做些有创造力和有趣的事。

奇迹目标：一种满足感。

例外：和孩子们在一起的时候，或者照顾侄子、侄女的时候，卡拉感到充满能量，也更快乐。

行动计划：开始收养孩子，辞掉现在的工作，谋划一份令人激动的和更有满足感的事业。

结果：卡拉和简领养了亚当。卡拉运营着一个网店，简在外面工作。卡拉总是生机勃勃，自从收养孩子后再也没有受到慢性疲劳综合征的困扰。她们每天尽管很忙碌，但也很快乐。卡拉和简想再收养一个孩子。

在你前进之前考虑一下你周围的环境系统

还记得我们是如何讨论你的重要他人的吗？我们有必要在准备自己的行动计划前考虑一下周围的系统。你的系统包括重要他人，也包括日常跟你有接触和联系的其他人，如你的配偶、家庭或上一辈（祖父母、父母或养父母）、孩子、雇主、同事、朋友和与你相熟的人。为什么识别你的系统这么重要呢？如果你曾经玩过多米诺骨牌的话，你就会知道，当你把它们摆成一排，其中一个骨牌倒掉就可以导致所有骨牌顷刻间轰然倒塌。

你的系统也会发生同样的事。如果你改变了你的日常生活，你的系统也会以相同的方式对你做出反应。想象一下，当你做了不同的事情之后会发生什么。你的系统会有所反应吗？当然会的，被卷入其中的每个人的角色都会发生变化。这可能会让人们不舒服，特别是那些依靠你得到或满足自己需要的人。判断出哪些人最支持你，然后当你前进的时候，你就可以通过得到这些人的支持来阻止一切失败的可能。这些对于他人的周密计划和考虑会帮助你改变，并使你有能力完成这个过程。成功的机会会越来越多。

练习3.3 理解你所处系统的价值和需要

接下来设计的练习是帮助你学习一些发生改变的必要步骤，从而使系统中与你有关的人们更能接受你的改变，这会增加你彻底达成新目标的机会。当你完成以下练习后考虑一下，你的生活发生改变后，谁会受到最大的影响，包括那些为你的改变鼓掌的人和那些不太积极的人。如果你经常首先考虑其他人，相信你肯定知道如何处理好这个系统，因为你已经做到了。

1. 你的家人、朋友、配偶会对你说他们最依赖你什么？

家人：

_____

_____

_____

朋友：

_____

_____

_____

配偶：

_____

_____

_____

_____

2. 想一下你过去所在的系统成功发生的那些细微的改变。是什么样的信念和特点使你系统中的人们接受这些改变，尽管这些改变对他们而言是困难的？

家人：

_____

_____

_____

_____

朋友：

_____

_____

_____

_____

配偶：

_____

_____

_____

_____

你的配偶或另一半有什么资本或能力帮你应对？

配偶或另一半：

_____

_____

_____

_____

3. 你的家人、朋友、配偶会希望你在自己的生活中获得哪些成功，达成哪些成就？

_____

_____

_____

_____

（如果你没有工作，请跳过下面这两个问题，或者用老师、神职人员等替代雇主。）

4. 你的雇主会对你说他们最看重你什么？

雇主：

_____

_____

_____

_____

5. 你的雇主会支持你在生活或工作中做哪些不同的事情？过去他们在这方面说过或做过什么？（如果你有一个让人抓狂的雇主，无法回答这个问题的话，想一下你在改变的时候需要做什么来满足他的需要。）

_____

_____

_____

_____

　　请记住，系统可能会防御和抗击改变，因为他们需要因为你的改变而做出调整，有些人可能不愿意调整。考虑到这种可能性，你的计划可能要改变，但是你也不用放弃，跟随你的步调慢慢向前走。你可以再次评估一下能带给你好处的那些关系，如果那段关系依旧能给你带来好处，那是最好的，如果不能，是时候做些不同的事了。考虑到每个人都有自己的安排，你的改变可能会影响他们，但是这也好过你为了不打扰他们而重复做同样的事情，你大可以相信人们有能力接受一个"不同的你"。

练习 3.4　用评量标尺逐步完成这一过程

　　这个练习帮助你明确你的系统是如何对变化做出反应的，同时也会帮助你为达成你的新目标找到适当的策略。想想那些每天都和你有亲密关系(心理或生理)的人，写下他们的名字，在名字旁边写下你希望从他们身上得到多少支持。

不需要TA的支持　　　　　　　　　　　　　十分需要TA的支持

←　　　　　　　　　　　　　　　　　　　　→

　1　2　3　4　5　6　7　8　9　10

_____

_____

_____

_____

_____

_____

_____

_____

_____

　　我强烈建议你把时间和精力放在超过 5 分的人身上，因为你需要为收到的反应做好准备。换句话说，你不仅要看到自己的力量，也要看到这些重要他人的力量和心理弹性。你的回答将帮助你很容易做一些小的改变，这不会给你自己和别人带来太多的不便。你会变得更有动力，因为你已经做好准备改变了。下面这一部分会帮助你使这些改变更容易发生。

在你改变自己之前

　　如果你和家人或重要他人有很紧密的关系，你肯定了解你的变化会给他们带来什么影响，但是他们会如何适应这些变化呢？我女儿凯莉(Kelli)在读高中的时候是啦啦队的队长，但是她经常回家抱怨她的赞助人和啦啦队的其他女孩。她有时会进屋，低声给我打个招呼，然后就回自己房间了。开始的时候，我的职业病犯了，想跟她谈谈什么困扰着她，但是很快我知道她并没有觉得跟我谈是解决问题的方法。我知道我要做的是让她自己待一会儿，之后她或许会跟我谈，也可能不会。几个小时后，她的情绪好了一些。我也改变了自己的做法，从开始的"想跟她谈"到"等她准备好跟我谈"，这帮助我们度过了一段很长的艰难时光。她现在上大学了，我们之间的关系非常好。

　　坐下来和你生命中的重要他人聊一聊你要做哪些改变，告诉他们你也关心在这个过程中他们需要你做些什么，他们的回答能帮你更好地做计划。如果这么做使你感到紧张，也是正常的。在心里想想别人会怎么说是一回事，但是真正去问他们又是另一回事。但是请记住：如果一个跟我很亲近的人问我这个问题，我会觉得是对我的尊重，也让我知道彼此对对方都很重要。

让别人知道什么对你很重要能够提升你的自尊，同时，你也会知道谁有可能会不认同或阻碍你的改变。在向他们吐露心声之前，想一下这个问题。你也可以先不用事先告诉他们，自己先做一点小改变，也许这样做对你们都有帮助。在你尝试了一段时间之后，你再回头看看情况，是不是发现有些人开始反对，后来又接受了？与下面场景类似的观点可能会使与你亲近的人更容易接受你的改变：

- 告诉你的妻子你的生活会发生一些改变，但这并不意味着她不重要了，相反，她对你非常重要，并且你需要她的支持。问问她需要从你这里得到什么，也告诉她你希望从她那里得到什么。

- 告诉你的孩子，尽管你还是要上班，但是你会尽量有更多在家的时间和他们一起玩，问问孩子们喜欢跟你玩什么游戏，也告诉他们得到他们的支持对你意味着什么。

- 告诉你丈夫你要做一些自己更喜欢的事情，而不只是做家中的保姆。告诉他这并不意味着他对你不重要了。请他想想家里日常生活中的哪些事情他可以和你一起分担，也告诉他你喜欢跟他一起做什么。

- 告诉你的孙辈们，尽管你喜欢周末的时候跟他们在一起，但是你也希望能在劳累的一周后休息一下。所以，问问他们，在一周中的哪天能来，这样你就能享受跟他们在一起的时光。告诉孩子们他们的支持能够让你得到更充分的休息。

- 告诉你十几岁的女儿，她由于工作很晚回家，导致你们之间的作息时间非常不同，你希望在午夜的时候噪声可以小一点。她再晚回家时，让她想想是否可以做一些其他可以使她放松的事情。告诉她如果她能够答应你会做什么。

- 告诉你的儿子，太多的课外活动给你们带来了很大的负担，请他选择你们都认同的 2～3 项活动。告诉他，他的理解和支持能使你更加积极地投入到他选的活动中。

- 告诉你的同事，你能理解她正承受着很大的压力，需要依赖你的帮助，但是你现在想更专注于自己的工作。然后问问她是否有其他方式可以使她更好地承担起自己的工作职责，并给予支持。给她一个最后期限，到期你不再帮助她。

- 告诉你丈夫，现在你干的工作不开心，你想回学校继续完成你的学位。问问他觉得你做什么能够对他和两个孩子更好一些，也告诉他你希望他为你做什么。

请注意，每个场景都包含：

(a)你感觉需要做出什么改变。

(b)问问重要他人，在这个过程中他们需要你做什么。

(c)告诉他们你需要他们为你做什么。

你的重要他人开始的时候会怀疑你做出改变的理由，他们可能质问你，甚至指责你这样做太愚蠢。但请相信，当看到你变得更快乐的时候，他们会尊重你的决定。事实上，你也可以想想你的那些重要他人非常尊重的人是如何做的，这样也能帮你赢得重要他人的尊重。即使他们还是想让你留在原地，因为这对他们来说更容易，但是这并不能成为阻止你获得更幸福生活的理由。相信他们可以继续生活，同时你也能做到向他们承诺的那些事情。然后，你可以寻找那些支持你的人，他们会为你能够拥有更好的生活而欢呼。当你做出小小改变的时候，请记得他们。

练习 3.5　让 5 分以上的人帮助你

在设计你的奇迹策略的时候，把你周围的系统一起考虑进来会降低计划失败的风险。如果跟你说"尽管去做吧，不用考虑其他人"，这或许很简单，但是谁会为失败买单呢？那就是你自己。如果这些策略是有效的，今天你就不会用到奇迹问句了。你对他人的情感和关心会帮助你前进。不要让你的改变太多地影响别人的心情。尽你最大的努力体验别人的感受和需要。关心他人是高尚的和值得尊重的，这也是人们之间保持良好关系的基础。想想这个计划如何能给每个人带来好处，同时也能使你逐渐靠近你的奇迹目标。下面的练习能够帮你计划你每一步的策略。

请在下方为那些在上一个练习中得到 5 分或以上的人写下你的答案。

得分在 5 分或以上的重要他人在过去的时候会用多长时间接受你的改变？他们会说你做了什么加速了这一过程？

姓名：

_____

他是如何接受改变的？

_____

_____

_____

姓名：

_____

他是如何接受改变的？

_____

_____

_____

姓名：

他是如何接受改变的？

_____

_____

姓名：

_____

他是如何接受改变的？

_____

_____

_____

一直在变好

　　对你自己做出承诺，每天都要找找例外。你睡觉之前，想象这一天什么是有效的，跳出问题，聚焦在那些有效的地方，这个过程可能很简单。比如，当你的同事挑战你的时候，你可以想想你可爱的小女儿，这会让你平静下来。想想一个月之后你计划好的旅行，这可能会帮助你更好地投入到工作中。早上趁着妻子给淘气的儿子穿衣服的空档，你可以一边自己穿衣服，一边和大女儿聊聊天。当你伤心的时候，桌子上的照片或者同事送出的温暖问候都会带给你片刻的愉悦。

　　无论是什么，这些例外都是你在经历挫折时的答案。把本书最后一章作为日志，那里面有可以吸引你翻看的文字，它们是你记录日常例外和行动的记事簿。当你遇到冲突和挫折的时候，参考你的日志，从中获得支持，并经常从你写下的文字中获得。

结论

　　本章的目的是帮助你找到你的例外，确认当你改变的时候，你周围的系统会如何反应，并使你意识到你的例外在什么时候更可能发生。你现在把焦点放在解决问题的策略上，而不是问题上，你正在逃离生活中的困扰和影响你的麻烦。正因为如此，你解决问题的策略是独一无二的。下一章我们将讨论行动计划。到目前为止，都是其他人给你建议，是时候你自己做出决定了。

　　快乐是一种心理状态，它取决于你如何看待事情。

——沃尔特·迪斯尼

第四章

写下你为了改变而制订的行动计划

生命是一条长长的灰色水泥，其间镶嵌着闪闪发光的小小云母。如果这些云母自然而然地走向我们，那将是很棒的事情，不过由于我们现在的生活太过匆忙，所以这一美妙的事情没有发生。我们需要教会自己怎样生活，真正地生活是享受这一过程，而不是终点。

——安娜·昆德伦，《快乐生活指南》

一位学校心理咨询师曾经带着 12 岁的学生蒂姆(Tim)来求助我。上学期间，蒂姆特别容易暴怒，然后导致不好的行为，经常被留下来，蒂姆的妈妈说他在家里也这样。第一次咨询时我请他的父母陪他一起来。他们到了之后，我问了一个经常用的开放性的问题，这样可以使我在问奇迹问句之前了解他们的需要。

琳达：今天我们谈点什么会有帮助？

我很快得到了蒂姆的父亲加里(Gary)的回答。

加里：瞧瞧，这是我的责任，我在家里大喊大叫并且指责他们。我的父亲在家里经常对我进行情感和语言上的虐待，所以我都不记得我的童年了。我觉得我应该为了蒂姆改变自己，这些年来我已经努力了，也有点进步，不过有时候我会忘记这些人是我的至爱，我不知道我怎样才能帮助自己和蒂姆。

那些在可怕的环境中长大，经常受到情感和语言虐待的人能改变吗？折磨他的家人这么多年后，他还能在家人面前恢复尊严吗？对于这个问题的回答，不同的咨询师会给出不同的答案。当使用奇迹问句导向治疗的时候我发现，当人们有机会看到不带"包袱"的自己的时候，他们可以重整自己的专长，并做出彻底的、根本性的改变。

在刚才的一幕中，加里承担了孩子不良行为的责任。如果他继续这样做，蒂姆会继续发火和指责，并且成为家族传递的特质。我使用了另一种方法帮助这个家庭改变当前的模式。我对加里说，我对他勇于承担责任的真诚印象深刻，同时我也告诉了他我的感受。加里很吃惊，他好像在等我像他父亲在他小的时候指责他那样指责他。但是，我却表扬他能来咨询，并且承认自己有问题。问了奇迹问句之后，我得到了下面的回答：

蒂姆：如果奇迹发生了，妈妈就不会多次被学校老师打电话告状，我会成为一个好公民，并且远离麻烦。

苏珊（Susan）：家里每个人都能和平相处，我儿子在学校学会控制自己的愤怒，在家里能和姐妹们友好相处，加里能注意自己跟我们说话的方式。

加里：蒂姆在学校能管好自己的脾气，我在家里也会为所有人做一个好的榜样。

我问了加里的职业，以便得到更多的例外，看起来它是改变的关键。我问一个人在其他情境中的行为是为了从不同的视角去看他。这个方法为我提供了很多信息，让我能够看到来访者在问题之外可能拥有的能力。

加里告诉我他是一个建筑公司的工头。我问他是否管过别人，他说当然了。我问他在工作中是否有脾气失控的时候，他说在职业生涯的早期，他很容易情绪失控，但是当他发脾气的时候，他的上一个老板也这样对待他，所以他就不再这样了。现在的老板希望他能守规矩，尽管有时候他也发脾气，但是不那么频繁了。

当我问加里在什么情境中他能够很好地管理自己的脾气时，他笑了。他说，幸运的是，他的办公室离大部分工人工作的地方有 5 分钟的路，当工人们做了他不喜欢的事情时，他有 5 分钟的时间让自己平静下来。在那段时间里，他通常会更冷静，脾气也不那么激烈了。这些例外告诉我，在工作中他已经学会了有效的策略，这些策略他自己不仅可以更加经常地使用，而且也可以教给他儿子。

这个信息使我确信，在面临冲突之前，如果加里有一些时间缓冲，或被别人期待有好的表现，他就能管理和控制自己的愤怒，这使我想到一个好主意。我问加里他对蒂姆的期望是什么。他说期望蒂姆在学校能表现好一些，并且能和姐妹们和平相处，但是由于自己也有这样的问题，所以他不知道怎么办。我让他下周假装自己是他儿子的管理者，我也让他在咨询中间休息的时候想想那些他已经学会的控制自己的方法，然后我可以和蒂姆单独谈谈。

蒂姆告诉我他在学校里也有不生气的时候。他说，有一个老师总是称赞自己，并且不理会其他人的态度。蒂姆特别喜欢上这个老师的课，并且在课上表现得很好。我问了更多关于他在家里的生活，以及他没有能够控制那些愤怒的时刻。他说两个妹妹经常激怒他。他提到一个场景，在一次雷电交加的时候，妹妹跑到他床上躺下来，他说这让他很生气，因为妹妹占了太大的地方。当我问他是不是对他妹妹很不满的时候，他说："不，我只是觉得她太吵了。"

他还说他有时候想要更多的私人空间，但是他通常首先考虑的是姐妹们是如何看他的，这使他变得更耐心了。我很吃惊。像他爸爸一样，他已经具有了控制自己的能力，但是他没有意识到自己可以做到。我和蒂姆一起写下了他和他家庭的策略（这些仅仅是基于他和我分享的例外），并且在接下来的一周进行实验。

蒂姆的个人策略：

（a）说话之前先想。

（b）意识到别人正在看着我。

（c）想想别人如何看待我。

（d）听听表扬。

蒂姆需要他的家人为他做的事：

（a）多认可和表扬他。

（b）多关注他。

当他们全家再次聚到一起的时候，我让加里帮他儿子控制那个困扰着他俩的生气的习惯。我告诉他，我对他在工作中控制自己生气的方式印象深刻，并且感觉他对儿子具有强烈的影响，而这正是他儿子新的策略的一部分。加里说他从来没有想过自己要在工作中控制自己。他只是很高兴他的员工离自己有 5 分钟的路程。他说他从来没有想过有这 5 分钟会带来这么大的不同。加里觉得他还受到情绪的困扰，因为每次他都会有反应，他显然忘记了去注意那些自己没有那么强烈反应的时候，这些有效的策略和期望成为他的行动计划。他告诉我，他准备帮助蒂姆像他那样学习一些策略，他已经有了一些获得成功的方法。

我让蒂姆的父母在蒂姆本应该伤心，但却没有被这个习惯控制的时候赞扬他。我让蒂姆向他们证明自己可以控制愤怒的情绪，他愉快地接受了这个挑战。

苏珊和蒂姆一周后又来了，她说在过去的一周里，他们家没有一点生气和愤怒的迹象。她说加里让她很吃惊，在一些他平时可能发怒的情境中，他的反应完全不同，他没有喊叫，而是从情绪中脱离出来，深呼吸，然后，转向她，并且平静地与她说话。苏珊既吃惊又开心。

对蒂姆来说，他在控制自己的情绪方面也有了进步，就像他父亲做的那样。

通过改变描述改变家族特质

蒂姆和加里发生了什么？在 45 分钟的咨询中，一个代际传递的情绪问题有了改善。这并不是说蒂姆和他父亲有一天不会失控，而是说他们的成功使周围的人和系统对他们有了不同的看法，并且降低了事情处于糟糕境地的可能性。加里对待苏珊和孩子们的策略最终也改变了他们对加里的反应，让他变得更容易相处，他们的关注让他感觉更耐心和更有信心。这种系统的改变是有传染性和蔓延性的，它可以改变代际传递，并且对后代有所帮助。

治疗师迈克尔·怀特曾经指出，一个人对自己的看法直接影响他的行为。换句话说，我们如何描述自己会影响我们的行为和互动。再想象一下，如果你描述自己的方法使自己被束缚，你可能需要重新描述自己。例如，加里告诉我他有"情绪和语言"滥用问题，他说自己是他父亲不良行为的"受害者"。他这样看待自己，就会被迫继续这样的代际传递，由于自己还经常生气，所以他觉得对自己无能为力，受自己观点的影响，他没有什么选择。他没有看到在自己情绪失控的同时，也有很多时候自己能够减少对员工发脾气的情况。

当我告诉加里我觉得他很诚实并且对他能够表达自己需要帮助印象深刻时，他觉得我是在和另一个人说话。我的目的是帮助他用不同的眼光看待自己。当我跟蒂姆讨论关于生气的习惯时，这个问题，而不是他，成为要讨论的主题。他并非一个爱生气的人，而是一个被不良习惯困扰的人，他可以制订一些策略来管理和改变自己的习惯，这比挑战整个人要容易多了。当你在本章开始制订行动计划的时候，把自己想象成一个从问题中走出来的人，生活正在帮你实现你的奇迹目标。

练习4.1　以一种崭新的形象开始行动

第一列中的形容词都是对一些在生活中感觉被极度困扰的人的典型描述，仅仅是这些描述就会让人们失去寻找解决方法的信心。注意一下，当第二列中的形容词发生变化之后或定义不同时会发生什么。

抑郁的	伤心
被性虐待的	从一件危机事件中存活下来
挑衅的	维护自己
多动的	精力旺盛
争辩的	喜欢表达自己

上面是对同一种感觉或情境的描述，却传递出两种完全不同的信息。第一列是一种典型的症状描述，并且以一种非常确定的方式给人们贴上标签，给了他们引发某种方式行为的原因。例如，作为一个性虐待的受害者和作为一个幸存者就会有完全不同的行为。对于一个可怕事件的不同解释让所有的事情都不一样了。把自己界定为受害者的人会把关系局限在精神层面，不敢发生特别亲密的行为，因为他们害怕亲密行为会是暴力的或是带有攻击性的。但是把自己视为幸存者的人就会努力看到在每段关系中的不同，并且会看到对方和加害者的不同。

第一列中的每一种描述都用一种让人感觉无法处理的方式给人贴了标签。第二列中的描述不仅为我们呈现了一些我们可以处理的行为，而且也免除了我们认为只有自己是专家才能解决这些问题的想法。例如，如果我们觉得某人是抑郁的，就可能会停止帮助他，但是如果我们觉得一个人只是伤心呢？我们就会更愿意倾听和帮助他。对于从危机事件中存活下来的人，我们很敬佩，也愿意帮助他。我们可以把那些喜欢挑衅的人作为我们寻求帮助和支持的对象。一个好动的人也是一个随时可以行动的人（如果我们可以帮助他每次只关注一个任务的话）。我们有时候要依靠那些好争辩的人提出不同的观点。

用这种方式思考你自己和你系统里的人们，可以使你的行动计划变得更具有可能性。首先填写下面的信息，开始以不同的角度审视自己。

你对自己和他人目前的描述	对自己和他人新的描述
我自己：	
＿＿＿＿＿＿＿＿＿＿＿	＿＿＿＿＿＿＿＿＿＿＿
＿＿＿＿＿＿＿＿＿＿＿	＿＿＿＿＿＿＿＿＿＿＿
他人：	
＿＿＿＿＿＿＿＿＿＿＿	＿＿＿＿＿＿＿＿＿＿＿
＿＿＿＿＿＿＿＿＿＿＿	＿＿＿＿＿＿＿＿＿＿＿
＿＿＿＿＿＿＿＿＿＿＿	＿＿＿＿＿＿＿＿＿＿＿
＿＿＿＿＿＿＿＿＿＿＿	＿＿＿＿＿＿＿＿＿＿＿

练习 4.2　行动

为了更好地评估目前的行为是不是你希望达成的，你可以用下面的方法：

没有奇迹发生　　　　　　　　　　　奇迹实现了

1　2　3　4　5　6　7　8　9　10

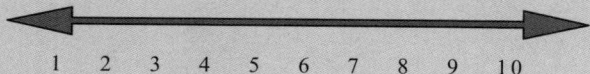

在 1—10 的标尺上，10 代表你实现了奇迹，你现在在哪里：＿＿＿＿＿＿＿＿＿＿＿

如果你的数字在 1 以上，解释一下你是如何做到的（这也是另一个例外）：

＿＿＿＿＿＿＿＿＿＿＿＿＿＿＿＿＿＿＿＿＿＿＿＿＿＿＿＿

＿＿＿＿＿＿＿＿＿＿＿＿＿＿＿＿＿＿＿＿＿＿＿＿＿＿＿＿

一周以后你希望在标尺的哪个数字上：＿＿＿＿＿＿＿＿＿＿＿

现在，让我们再回顾一下你在第二章和第三章写下的奇迹目标，这样我们就可以开始行动了。首先看一下你第二章的目标，第三章的例外，然后填写下面的内容。

我的行动计划

仅仅基于我的例外，我要坚持一天或一周做下面的事：

1. _____

2. _____

3. _____

有帮助的描述

我要如何认识自己和生命中的重要他人才能有机会成功呢？

我自己：

_____

_____

他人：

_____

_____

记住要慢慢来！

你今晚睡觉前，计划一下从明天开始，你将如何为你的奇迹开启特别小的一步。把你的计划写在下面：

_____

_____

_____

在下面的横线上，写下明天当你做了什么不同的事情时你期望别人注意到：

_____

_____

_____

结论

　　你的行动计划就是你的作业。向自己保证：只要在本章练习题里所写下的策略都是来自例外，就一定会成功。那些是你知道要做什么的证据。给它们搭配上有帮助的描述，然后慢慢开始行动，一定要保证你已经准备好回应你的系统对你的需要。

　　在朝着你的奇迹目标前进的过程中，做好行动计划是第一步。你的生活因为你回答了几个问题现在就要开始发生改变了。因为你对自己有了不同的想法，所以你会看到明天和今天的你是不同的。更好的是，你生活中的人们会重新认识一个充满希望的人。向他们展示一下吧。

　　事情没有改变，是我们变了。

——亨利·戴维·索罗

第五章

识别你的成功

知道什么是不可思议的吗？一天一天过去，好像没有一点改变，但是很快地，……一切（所有的事）都不同了。

——《卡尔文与霍布斯》中的卡尔文

拿起任何一张小报，你都会读到很多名人故事。他们可能会诉说自己的悲惨童年、物质滥用问题、性虐待问题、饮食障碍问题、婚姻不合问题等，这些可怕的秘密和对悲惨环境的忍受经常让我们感到震惊。这些受人尊敬的名人在生命中都经历了挑战。当人们读这些名人故事的时候会为他们感到难过。对于任何人来说，经历生活带给他们的这些灾难和磨炼看起来都是不公平的。

但是让我们来看看，他们尽管面临困境，但最终变成了怎样的人。他们从耻辱、绝望、悲伤、压力、贫穷以及缺乏教育的困境中站起来，变成自己领域中被人们钦佩和崇拜的精英。他们应该因成功战胜磨难而得到肯定。他们让我们相信人是有复原能力的。

你的故事如何描述你？

在第一章中，你通过头脑风暴明确了奇迹；在第二章中，你评估了这个奇迹；在第三章中，你找到了一些例外；在第四章中，你用这些例外设计了自己的行动计划。事情对你来说已经有些不同了，生活中的重要他人也许还没有注意到这些不同，就如本章章前引用的文字一样——"一天一天过去，好像没有一点改变"。但是如果你继续跟随自己的奇迹目标，事情很快就会变得完全不同。

对于那些深陷困难并被逼入绝境的人来说，意识到事情变得越来越好可能很困难。人们描述每天的生活中存在什么问题比描述出现了什么转机更容易，这样的情境使我们形成了惯性，并且钳制了我们的生活。关注生活中的积极方面能够带来奇迹。如果你不相信会发生任何改变，在接下来的几个环节中我会帮助你发现改变真的可以发生，并且在你身上已经发生了。

冒险去重新生活吧

黛比（Debbie）的男朋友吉姆（Jim）在来她家的路上遭遇车祸去世，在失事现场有一枚钻石戒指——显然他那天晚上想跟黛比求婚。在经历了几个月的抑郁和焦虑之后，黛比在老板的极力催促下，开始进行心理咨询。她之前是政府部门的一名成功职业女性，但是经历这次事件之后，她把自己和朋友、家人及同事隔离开来。她的家人对她这种没有动力和不社交的状态很担心，她的老板在考虑让她辞职。当她来咨询的时候，她很清楚地意识到自己需要开启新的生活，使生活回到正常的轨道上。我问了几个奇迹问句，她是这样回应的：

黛比：如果有奇迹，我想冒一次险，我想让生活重回轨道。我会通过一些大的变动来做到这一点，我必须独自完成这一切。可能有件事逼着我去那样做。我一直很擅长推进事情，但是这件事使我的生活倒退了很多。

琳达：告诉我在吉姆去世之前，你很投入地生活并且享受生活的时刻。

黛比：我们在夏威夷的时候去参加帆伞运动，我遇到了一个巨浪，我采用了专业的姿势，高高地立在海面。那种感觉真是太好了。我过去很喜欢像那样冒险……我不敢相信我告诉了你这些。在这之前我似乎已经忘记了做过那样的事。哇，我真的把自己藏起来了。

　　琳达：听起来你以前喜欢冒险。告诉我你以前在工作中或者跟朋友一起冒险时的一些事吧。

　　黛比告诉我在工作中她怎样通过冒险确定了自己的地位，她还告诉我她和朋友一起冒险的很多经历。在这次咨询结束之前，我请她在下周做一件被认为有一点冒险的事，她同意了。

　　一周后黛比又来了，她的穿着打扮与上周很不同。第一次来的时候，她穿着职业装，这一次她穿着牛仔裤和 T 恤衫。这次咨询结束后，她走出来了，她说话的时候面带微笑。更好的消息还在下面：

　　黛比：我希望自己没有做得太鲁莽。上次离开这里后，在回家的路上，我意识到喜欢冒险是我真实的样子，我让自己的防备降低了一些，并且接受邀请参加了一个聚会。这个聚会与众不同……聚会结束的时候我裸体泡在一个充满热水的浴盆里，我想我冒了一次险。

　　黛比的家庭作业得了 A。

赋能者得到了礼物

　　我开始在学校里当咨询师的时候，好几个大学同学警告我不要给某一个学生的妈妈太多的时间。我得知肯（Ken）的妈妈贝丝（Beth）每周都要给肯的老师或咨询师打电话，为孩子的糟糕成绩和注意力问题抱怨一番。我被告知不要让她对肯抱太大的希望。当贝丝第一次给我打电话的时候，我觉察出贝丝的热情，并且感觉到她对肯的事投入了很多。事实上，我还希望再次接到她的电话。不仅她经常给我打电话，而且我也打给她。我发现，当我给了她想要的——我的时间和支持的时候，她给我打电话的次数减少了。直到高三的最后一个月，事情都进展得很顺利。有一天早晨，贝丝火急火燎地给我打来了电话：

贝丝：我希望今天重新制定肯的学习课程。我看着他已经挣扎了 13 年。昨天我在杂货店里偶然听到了一对父母的谈话，他们 13 岁的儿子学习了一套特别制定的课程之后发生了巨大变化。为什么这些年没有人告诉我这些？我觉得肯被骗了，这件事会让我们的世界完全不同。

现在是四月中旬，下个月他就会毕业。我看了他的学业成绩单，并且知道他不需要一个降低难度的课程，因为他的智商和成就测验达到了平均水平。我可以告诉贝丝现在改变课程太晚了，我也可以告诉她我会去深入调查这类课程实施的可能性，或者直接告诉她这样做是不可能的，但是我没有这样做，而是用了另外一种方法。

琳达：我们想想看，学习单独制定的课程或许可以对肯更好一些，但是我们也发现肯尽管没有学习这样的课程，他还是通过了年级测试，虽然没有都得到 A，但是都通过了。你知道这对你儿子来说意味着什么吗？这意味着在这么有挑战的情况下，你儿子成功地应对了挑战，你要应该为他感到骄傲。

贝丝：我是很为他感到骄傲，因为他努力了。他有注意力问题，学校生活对他来说很艰难，他需要家人和教师更多的关注才能取得以上成绩。

琳达：尽管有注意力问题，但是 4 周以后你儿子就能从高中毕业了。他知道，当他挣扎时，从你们和教师处获得的额外帮助可以确保他成功地应对这些问题，你实际上已经给了他这样一个礼物。

我们的谈话结束了，贝丝没有提出任何其他的需求。她的儿子也如期毕业，进入了离家几个州之外的大学。第一年的时候，他也经历了很艰难的时光，但是没有那么严重，他成功地应对了。

"事情总是很糟糕……好吧，可能不是总是。"

还记得我之前谈论过的"总是"吗？在我作为家庭治疗师的早期职业生涯中，我曾经在一个未成年人治疗中心工作过。这里的孩子要么是触犯了法律，要么是在家太捣乱，所以会被带到这里住几个月。杰里（Jerry），一个 15 岁的孩子，因离家出走并对母亲施暴，被他的单亲妈妈卡萝尔（Carol）领到这里来。在中心住了几个星期之后，他学会了行为规则，了解了行为后果，变得更加平静了，他成为他们小组中能够帮助他人的、极受欢迎的人。他的出院会议进行得也很顺利。卡萝尔还被告知了一些当杰里故态复萌时可以使用的方法。她也被邀请参加一些家长协会，去学习更多的家庭教养技能。她和杰里离开的时候获得了大量帮助他们成功的信息和方法。

在我们第一次的跟进会议上，当我听到卡萝尔说"事情又变得很糟糕了……他永远不可能改变"时，我很吃惊。为什么一个孩子在我们这里做得很好，但是回家后仅仅两个星期又故态复萌了呢？我知道在这段时间里杰里一定有一些状态比较好的时候。

琳达：我知道你现在觉得事情进展得不顺利，但是我感兴趣的是在过去的两周里，什么时间事情进展得比较好。

杰里：直到昨天，她和我相处得都很好。

卡萝尔：昨天很可怕，他对我大吼大叫，我也就跟着他发火了，我跟他说你又回到从前了。

琳达：卡萝尔，你也觉得直到昨天一切都还好吗？

卡萝尔：我觉得所有的事情都很好，直到昨天。

琳达：杰里，两周之前你从这里出去，你觉得在这 14 天里，你有多少天比你来这里之前更好呢？

杰里：我觉得有 13 天。

卡萝尔：我认为他说的是对的。

琳达：卡萝尔，你知道，在 14 天中有 13 天是好的，这是一个相当高的成功率了。在那 13 天中，杰里做的什么事是有效的？杰里，你妈妈做了哪些事是有效的？

结束这次咨询的时候杰里和卡萝尔都意识到，尽管有些不尽如人意的地方，但是他们在很大程度上同意，找到那些进展比较顺利的时间比谈论问题更有帮助。我给他们留的作业是，在日历上记录下那些进展顺利的时间和不顺利的时间。他们将致力于密切观察彼此有哪些做法是有效的。他们开始对彼此更加尊重，并且开始更加欣赏对方。他们说会在下次来咨询的时候告诉我哪些做法是有效的。

用线索将相似的奇迹编织起来

这些案例的相似之处是什么？那就是案例中都有一些只看到问题却看不到例外的人，直到他们学着去关注自己的例外，奇迹才会出现。看看那些在故事中有不好结局的人们，他们刚开始的时候似乎并没有意识到自己的能力，并且准备好进入一种抱怨的模式。他们太专注于问题了，以至于没有时间停下来去回头看看问题没有出现的时候。当他们能够这样做的时候，解决方法就出现了。他们是怎样做的呢？

- 通过记录那些成功的行为和情境，他们开始把自己视作成功的人，这些给了他们做更多类似事情的信心。

- 在完成计划的过程中，他们学着去体验更多的安全感，因为他们意识到使用以前的策略是一种不会失败的方法。

- 他们开始减少对外界的抱怨，因为他们被建议去关注那些与困境时期相反的时刻，即生活比较顺利的时候以及他们能够有效应对的时候。这样做使他们在系统中有不同的行为，并且作为结果，周围的系统也改变了。

练习5.1　每日心理评估——什么变得更好了？

自从你开始行动计划之后，无论是在家中还是在工作中，什么变得更好了？与你的孩子、朋友之间的关系有什么变化？生理上、情感上或社会交往方面有哪些变化？

_____

_____

_____

_____

当变化开始发生的时候，你如何看待自己？

_____

_____

_____

当变化开始发生的时候，什么想法促使你继续保持这种改变？

_____

_____

_____

在1到10的标尺上，10意味着你已经完全实现了奇迹，今天你在哪里？

一周之后，你希望自己会在标尺的什么位置？

_____

你会怎么做？

我会考虑：

_____

_____

我会把自己看作这样的人：

_____

_____

_____

我知道我是这样的人，因为：

_____

_____

_____

因此，我会在接下来的一天/几天/一周做出以下行为：

_____

_____

_____

练习5.2　一些奇迹需要"B计划"

生活总有意外。有时候事情并不像我们计划的那样顺利发展，但是不要放弃。把那些在过去几天里忘记做的或忘记思考的事以及阻碍生活顺利进行的事写下来。

在过去的几天里，什么样的想法和情境阻碍了你对奇迹的追求？

_____

_____

哪些行动近期看起来比较难实施？

_____

_____

你如何把这些行动分解成更小的目标，或者用一两天的时间换个角度想想，从而使自己慢慢开始按行动计划行事？

_____

_____

对于你的系统你需要做些什么，从而使自己在一两天之内更愿意尝试新的策略？

_____

_____

_____

结论

外界环境有时候会干扰我们的计划。对于那些刚刚开始为困难而挣扎的来访者来说，当他们再次来咨询的时候可能仅仅发生了一点点改变，这是非常正常的。事情很少会完美地发展，因为生活本来也不是那么完美。我们旁边并不是时时刻刻都有啦啦队，我们中的很多人都要依靠自己实现目标。下面是节选自托马斯·P. 斯坦利（Thomas P. Stanley）的《有钱人和你想的不一样》（_The Millionaire Mind_）中的一段话，请仔细思考。

　　你就要完成本科学业了，你要继续攻读研究生。在这之前，你要参加研究生等级测试（GRE，全称 Graduate Record Exam）。参加完考试后的几周，你的成绩会通过电子邮件到达你手中⋯⋯你的成绩排名在倒数 10％ 的位置，你的物理、化学、生物、社会学和艺术成绩排名在倒数 25% 的位置。有多少咨询师会这样对你说："年轻人，你具有非凡的领导才能和敏锐的洞察力。有一天你会改变美国社会，你会成为自 FDR（罗斯福）以来为美国社会发展和政治改变贡献最大的人。"

可能几乎没有咨询师会对年轻的马丁·路德·金说这样的话，当然，如果他们意识到他的力量、百折不挠的精神和勇气，他们就会忽视他的不足而去关注他做得好的方面。他清楚地知道自己必须做什么。幸运的是，世界因为他的努力而向前跨了一大步，并且他也成为一个传奇。

当你继续实施你的行动计划的时候，请识别早晨、下午、晚上交流比较顺畅以及比较愉快的时光。观察自己什么时候以及如何能够搞定烦琐的家务。意识到自己什么时候心情好，什么时候会大笑。关注自己的愤怒什么时候消失以及昨天的忧虑什么时候烟消云散了。把所有的这些发现都记录在最后一章的那几页纸上作为日志，这些都是你使用策略生效的时刻。关注这些并为此感到自豪。

快乐是一只蝴蝶，总会在你想抓住的时候飞走，但是当你安静地坐下来的时候，它就会落在你身上。

——纳撒尼尔·霍桑

第六章

给你的婚姻一个奇迹

触碰爱情的时候，每个人都会变成诗人。

——柏拉图

　　从前，两个人相遇了，他们发现彼此有共同的兴趣，可以共享很多相似的活动，他们被对方深深吸引。他们感到满意和被理解，所以他们相恋了，并决定托付终身，而且承诺以后不管发生什么都会愉快地生活在一起。

　　很多时候，不可避免地，"不管发生什么"还是发生了。婚姻受到了各种挑战，如磨炼、苦难、新的或旧的期望以及各种诱惑。有些夫妻用强大的信念承受住了外界环境的挑战，而有些夫妻却因此解除了婚约。当他们准备离婚的时候，有时候会花很多时间和金钱去分析哪里出了问题，有时候这种做法能够挽救婚姻，但更多时候却不能。

　　本章通过帮助夫妻去关注那些他们已经遗忘的、在婚姻刚刚开始时或婚姻比较美满时的那些力量来拯救他们的婚姻。目的是识别或发现那些夫妻曾使用过的、用于排除干扰和扫除婚姻障碍的方法。这是关于复原力的。当世界威胁到你的童话故事的时候，你可以重新编写你的爱情故事。

在继续前行之前，先退回去

　　在帕特·赫德森（Pat Hudson）和比尔·欧汉隆的一本名为《爱情是一个动词》（*Love is a Verb*）的书中，他们描述了当婚姻出现问题的时候人们发生了什么。

　　　　当关系出现问题的时候，我们都会倾向于认为是我们的配偶出了问题，可能是个性方面的问题，而且只要他们修复了这个问题，一切就会变好。如果不是人的个性问题，就可能是某个生活事件。"他一直没有从他父亲去世这件事中走出来，而且他总是拿我出气"或者"她和老板发生了冲突，而我却遭殃了"。这种思路的难点在于我们将继续把配偶看作产生问题的原因，这样的话，一切都将得不到改变。

在第一章中，费利克斯和伊莱恩处在离婚的边缘，下面是我们在一起讨论时他们对于奇迹问句的回答。

伊莱恩：在奇迹中，我们又成为好朋友，我们会做那时候做过的事——跳舞、徒步旅行、无所不谈。

费利克斯：孩子们表现更好，我们会分担对他们的责任。

伊莱恩：就像之前一样，我们会坐下来一起讨论和制订改变的计划。

费利克斯：在奇迹中，当我回家的时候，她会停止看书，并且很高兴看到我。

费利克斯和伊莱恩认为，他们需要彻底改造他们的婚姻，他们认为他们需要一些新的方法才能做到。在上面的对话中，他们讨论了一些曾经使用过的有效的方法，这些都是组成他们奇迹的例外。很自然地，有了孩子之后夫妻的角色会发生变化。他们会承担额外的责任，分担劳累的家务活，以及承受各种挑战。回顾费利克斯和伊莱恩没有孩子之前的生活，我了解到他们会一起分担照顾宠物和维持家庭运转的各种责任。我问他们是如何做到的，他们说他们会一起讨论需要做什么并决定怎样做。

最初的时候，很多夫妻还是能够通过这样的方式处理各种问题的，但是当有了孩子之后，或者换了工作之后，他们就不再坐下来讨论怎样做了。同理，费利克斯和伊莱恩过去常常做的活动，如跳舞、徒步旅行、聊天，自打有了三个孩子之后，就变得不同了，但是活动本身仍旧可以给他们两个人带来快乐。他们如何适应现在的生活并找到其他有意思的活动将成为一个挑战。

　　至于处于困境的费利克斯所感觉到的他对伊莱恩的吸引力问题，如果伊莱恩能在刚结婚的时候就告诉费利克斯她喜欢他做什么，这将会对两人的关系有很大的帮助。当然，有时候激情和爱会占主导，那些日子里，他会更体贴，而她在工作中也不会觉得特别累。他告诉她，如果她在门口微笑着迎接自己，他就会感觉自己很有魅力，他们就会把当天的问题放到以后解决。他们决定一起去看看以前哪些做法是有效的。

费利克斯和伊莱恩：向着目标出发

　　这一切可能说明费利克斯的行为方式与伊莱恩对他的反应有关，反之亦然。有了这样的想法，我决定帮助这对夫妻来谈谈他们双方都觉得自己对对方很重要的时刻。我呈现了一个不同的标尺。

　　我在一个很大的白板上画了一个标尺，然后在数字 5 的下方写下每一个目标。

费利克斯	目标	伊莱恩

1　　2　　3　　4　　5　　4　　3　　2　　1

一起制订家庭计划或活动。

彼此感觉更有吸引力并给予对方关注。

继续进行跳舞、徒步旅行，或者其他经常一起做的活动。

多聊天。

　　接下来我们一起讨论了在"目标"下列出的事项：

　　琳达：你们都很幸运，因为你们在这些目标上达成了一致。让我们谈谈你们现在各自在标尺的什么位置。对于为达成目标所做的努力程度，你们会把自己放在什么位置？

　　费利克斯：我想我会在 2 的位置，因为我最近真的没有努力尝试。

　　伊莱恩：我觉得我比他多做了一些，我可能在3的位置。

　　琳达：费利克斯，你觉得伊莱恩在尝试改善你们的关系以及达成目标方面做得怎么样？你会把她放在标尺的什么位置？

　　费利克斯：我觉得她比我努力，应该在3的位置。

　　琳达：伊莱恩，你觉得费利克斯在尝试改善你们的关系以及达成目标方面做得怎么样？你会把他放在标尺的什么位置？

　　伊莱恩：我觉得在2的位置吧，因为他最近对我比较体贴。

　　琳达：回顾一下情况比较好的时候，那时候奇迹目标实现的次数比较多，是谁做了什么事造就了那样的境况？

　　费利克斯：我换了一个工作，所以能有更多的时间照顾孩子。

　　费利克斯：我们偶尔一起出去，因为我妈妈帮忙照顾孩子，我不用担心他们，不过她现在不和我们一起住了。

　　琳达：还有其他的吗？

　　费利克斯：我减肥了，我过去常常健身。

　　伊莱恩：我们有固定的聊天时间，我更了解他的生活，不过现在我觉得我没有那么了解他。

　　琳达：从你们刚才的描述中，你们觉得接下来的一周中你们可以做些什么事使标尺上的数字更靠近目标？

　　费利克斯：我觉得我们需要带上孩子们去徒步旅行，他们从来没去过，这会使我们所有人在无聊的周末得到放松。

　　伊莱恩：我们可以找个不被打扰的时间，比如在孩子们睡了以后，坐下来商量一下徒步旅行的计划。我们可以像之前一样，计划一下去哪里，在哪里露营，需要带什么。这听起来很有趣。

　　当我对这对夫妇带孩子去徒步旅行这件事感到些许担心的时候，我也对他们可以像之前一样实施计划十分感兴趣。他们留下了一个策略，并且双方都知道他们需要共同参与这个策略。他们现在仍然在一起，孩子们也很享受频率适当的徒步旅行和野营所带来的快乐。他们找到了一个新的保姆照顾孩子，也找到了一些给孩子们看的视频，所以当费利克斯晚上回家的时候，他们就可以有时间在一起交流。费利克斯也正在找一个晚上能够早点回家的新工作。

练习 6.1　从外到内评估你的婚姻

如果你的婚姻出了问题，下面的练习可以重新点亮它。最好两个人一起做这个练习，不过如果你发现只有你自己在维持婚姻的话，你仍然可以从回答中受益。

1. 回答奇迹问句：

假设今天晚上你睡觉的时候，发生了一个奇迹，第二天早上你醒来的时候，你的婚姻对于彼此会有什么不同？

配偶1：

_____

_____

配偶2：

_____

_____

如果你的婚姻真的发生了奇迹，它会是什么样子？你们会为彼此做些什么？

配偶1：

_____

_____

配偶2：

_____

_____

_____

寻找例外，回到你们的婚姻很美满的时刻。

描述一下上面的某些目标达成的时刻。有什么不同？谁做了什么？

配偶1：

_____

_____

配偶2：

_____

_____

当生活受到干扰时，你会用哪些引以为豪的方式去应对？

配偶1：

_____

_____

配偶2：

_____

_____

在你们很幸福的时候，你的配偶为你做了什么使你对他更加迷恋？

配偶 1：

_____

_____

_____

配偶 2：

_____

_____

_____

2. 评估你们的关系：

请从你们对第一个练习中的问题的回答中找出你们都同意的，且能够帮助你们的婚姻重回轨道的做法，并把它们写在数字 5 下面的横线上：

配偶1	目标	配偶2

1　2　3　4　5　4　3　2　1

_____

_____

每个人在下面的横线上依次写上自己为达成目标所付出的努力程度：

配偶 1：

_____

配偶 2：

_____

每个人在下面的横线上依次写上自己觉得对方为达成目标所付出的努力程度：

配偶1评估配偶2：

_____

配偶2评估配偶1：

_____

3. 设计你们的行动计划：

在第二个练习的基础上，告诉你的配偶，在接下来的一周（或一天）中，你希望他做什么，从而能够使标尺向目标更靠近：

配偶1对配偶2的希望：

_____

_____

_____

_____

配偶2对配偶1的希望：

_____

_____

_____

_____

4. 设计一个每天回顾你们成功的时间：

_____

当你需要做出修复时

在赫德森和欧汉隆的一本名为《重写爱情故事》（*Rewriting Love Stories*）的书中，他们提到了当有一方侵犯了个人或物理边界的时候需要做出修复的重要性。

第一步修复的行为是承认自己的行为，不需要道歉，这是问责条款。他也不需要接受谴责，只需要承担责任。第二步修复的行为是违背者在某种程度上主动做出修复或恢复信任。例如，一位男士允许他的妻子在自己上班期间或者参加社交活动时给自己打电话或者来看他，以确保他不再对自己身处何地向妻子撒谎。又如，一位女士为打了自己的配偶而写了道歉信，并在信中承诺以后再也不会对其进行身体伤害。

如果你能重写你们的爱情童话，你想做什么？

忍受着艰难关系的夫妻可能想努力使关系恢复正常，但是那种感觉有时会持续很久。除非他们可以开始把对于过去的消极想法或语言抛诸脑后，否则使婚姻回到正常轨道的机会就会减少。

戴维·爱普生（David Epson）和迈克尔·怀特合著的《叙事是治疗的结果》（*Narrative Means to Therapeutic Ends*）一书以故事治疗而闻名。当你阅读下面这段话的时候，想想你们的生活是如何组成一个故事的，那些改变和发展，情节和高潮未必都是按照我们所希望的那样发生：

> 我们的生活就是由故事纠缠编织在一起的，有些是我们讲述的，有些是我们听到的。那些我们梦想的或想象中的故事都会以某种方式重新改写我们的人生，有时候是一个片段，有时候像一个半梦半醒的情景，但事实上就是一个从未间断的独角戏。

对于上面这段复杂的信息，你可以这样理解：你的婚姻就是一个故事，不论你现在在哪个点上，请把它想象成你们共度一生的故事中的一章或两章。有时候写进故事中的人物就是为了打断或推进故事，有时候故事中的关键人物会离开我们，使我们感到孤独。

　　接下来的练习非常简单——它是一个让你重写爱情故事的机会，也是奇迹问句的变形，是你按自己的方式编写你和配偶之间的故事的另一种方式。也许你想跳过或省略某些人物，也许你想改变某些活动，也许你想增加刺激的情节或减少压抑的情节，不管你的版本看起来是什么样子，按照你希望的写下来吧。

　　然后，意识到你每天都有重写故事的能力，把每一天都作为你故事章节中你想一读再读的一段，把没有用的段落删掉，跟着新的章节去往你想去的地方（对于奇迹问句的回答），并且仔细观察你是如何到达那里的。

练习6.2　我们新的爱情故事

　　在下面的横线上分别写下在你的婚姻中值得纪念和不值得纪念的人物、行动、情境和经历，并将其作为你爱情故事的第一章。

　　值得纪念的：

_____

_____

_____

_____

_____

_____

_____

_____

不值得纪念的：

_____

_____

_____

_____

_____

_____

_____

一起写第二章，描述那些你们想改变的有影响力的人物、情境或信念。

人物：

_____

_____

_____

_____

情境：

_____

_____

_____

_____

信念：

_____

_____

_____

写下你们希望第二章如何开始：

_____

_____

_____

当 15 年后你们想回头看看第二章时，你们希望看到什么？

_____

_____

_____

_____

　　时间会带着你们从一个点走到另一个点。利用你的个人优势以及夫妻共同合作的能力和力量，一起走到那里。

第七章

滋养你的小小奇迹

如果你在空气中建立了城堡，它将不会消失，那是它们应该在的地方，现在在它们下面打上地基。

——亨利·戴维·索罗

每个治疗师都有一个值得纪念的，并且想起来都会会心一笑的时刻。乔希(Josh)就是我的值得纪念的时刻，一个金发碧眼、充满能量、精力充沛的 6 岁男孩。他第一次是和他的父母本(Ben)、米歇尔以及弟弟萨姆(Sam)一起来咨询的。

乔希：嘿，梅特卡夫博士，我是乔希，我和妈妈、爸爸、弟弟萨姆一起来的。我父母让我来找你，因为他们说我不再是家里的老板了。我想做老板，你要告诉他们我就是老板。

他真的是这样说的。

乔希和我沿着走廊去我的办公室，他的父母和弟弟走在后面。进入办公室之后，他对每件事都感兴趣，包括我的文件柜、书包和玩具箱。他看起来一点都不拘束，他的父母看起来很受挫，并且担心他会把东西弄坏，我也开始变得焦虑。米歇尔开始说话。

米歇尔：这就是我们来这里的原因。乔希已经读了三次一年级了，他现在在学校里是试读生，自己一个人单独在一个教室里。我们已经找了四个咨询师了，所以你是我们最后的希望。我们几乎用了所有的关于纪律的训练方法，但是都不起作用。在玩"计时出局"游戏的时候他也坐不住。他不介意自己的玩具是否会被放在垃圾袋里，然后扔在路边被垃圾车带走。他打他的弟弟，在学校里也打同学，因为他想控制局面。我们已经无计可施了。

我让乔希去找我的秘书塔米(Tami)，然后开始和他的父母一起讨论奇迹问句，因为看起来这个家庭真的需要它。

米歇尔：如果奇迹发生了，我们将会有一个平静的家庭生活。

乔希听我们的话，并且知道我们才是主宰。他在学校里也表现得很好，尊敬老师，并且知道自己还是一个孩子，而不是成人。

琳达：告诉我他表现稍好一些的时候，以及那些看起来是你们主导局面的时候。

米歇尔：这样的时候很少。我全职在家，照顾萨姆就是一件棘手的事，根本顾不上其他的事。

本：是的，她努力了，但是乔希就是不听。

这对父母尝试了各种干预的方式，也读了很多关于规则和纪律管教的书，但是都没有效果。我转向本。

琳达：告诉我你的职业是什么。

本：我是一个销售管理者，经常出差，所以很少能帮上她的忙。我管理着很多销售人员，我需要定期检查他们是否在很好地工作，所以尽管我在家里，但我的时间被工作占满了。

琳达：你也像其他销售管理者那样监管其他人？

本：是的，我监管其他销售员有 7 年时间了。

琳达：是否有员工意识不到你是主管的时候？

本：（笑了）是的，确实有这样的时候。

琳达：你做了什么来帮助人们意识到你是主管？

本：我通过备忘录向他们发出很多提醒事项，这些都是关于他们要达成的绩效目标。我也会持续地跟进他们的工作，以确保他们在做被期望做的事情。实际上我很快要升职了。

琳达：我有一个想法，是在你刚才告诉我这些事情的基础上产生的。我希望你在接下来的两周时间里，把乔希作为一个你要管理的员工，使用你刚才提到的那些在工作中使用的方法，让他知道你和你的妻子是主导者。能明白我的意思吗？

本坐直身体并且点头，米歇尔露齿而笑。

两周以后他们又来了。事情看起来有些不同，本和乔希手拉手进来。米歇尔和萨姆走在前面，本和乔希跟在后面。进入我的办公室之后，乔希问本他是否可以玩放在玩具箱最上面的跳棋，本告诉他可以。乔希在弟弟旁边安静地玩起来。米歇尔看起来似乎被兴奋填满了。

米歇尔：我都想不起来上次我们度过这样平静的一周是在什么时候了。第一周还是有点困难的，不过刚过去的一周实在是令人难以置信。

琳达：作为一个家庭，你们做了什么使事情发生了变化？

本：第一周我安排了一下，在家办公，看看有没有帮助。我决定对乔希进行监督，好让他知道我才是老板。不过这不容易，相信我，我都不知道米歇尔以前每天是怎么过来的。我做的就是跟着乔希，当他需要计时出局的时候，我跟他一起坐着，并且让他待在他的椅子上。开始的时候，他感到不安，但是后来，他接受了。当他需要自己收拾自己东西却没有做的时候，我就坐在他房间的地板上，关上门，并且告诉他直到他做完自己需要做的事之后我才会离开。

在谈话过程中，乔希一直边和萨姆玩边安静地听着。我能够用余光看到他，他说话的时候会看看自己的父亲。突然，他再也忍不住了，然后跳了起来。

乔希：爸爸是对的，梅特卡夫博士，他告诉我如果我不好好做事的话，他就会写下来，这样的话我就会被解雇！我不再是家里的老板，事实上，妈妈和爸爸才是，我是管理萨姆的助理老板。因为我年龄比他大，所以有时候我可以告诉他做什么。爸爸说这样是可以的。

本从来没有像这样骄傲地开怀大笑过。乔希微笑着，骄傲地在弟弟身边坐下来，享受着大家的关注。几年之后，跟踪调查显示，乔希已经被所在的小学选拔进一个天才项目中踢足球和打棒球。他在每一项活动中都是领袖，总是自愿承担职责之外更多的任务，但是他学会了在做之前先问。他的父母还在实施监督计划，并且都认为乔希长大后可以成为总统。（这个案例是从我的另一本书《基于焦点的家庭解决策略》（*Parenting Toward Solutions*）中节选的。）

什么？带着我的工作回家？

当父母教养技能出现问题的时候，他们可以从生活中的其他领域借鉴方法。同理，奇迹问句可以使人们从他们过去成功的事例中探究方法和策略。本把一些管理员工方面成功的经验运用到养育一个能量过剩和颇具挑战性的孩子身上，并且很有成效。乔希的父母之前尝试了很多其他方法，但是都没有成功。因为那些方法是专家们发明的，所以当本没有做出正确回应时，他们会觉得是本做错了。

当爸爸意识到自己有能力通过奇迹问句使用焦点解决方法时，他的自信心提高了，并且能够坚持到底。在本章中，奇迹问句会带着你经历另一个阶段，并为你提供更多的养育孩子的方法。

医生这么说的

很多奇迹时刻包含改变孩子，特别是那些处于青春期的孩子，对他们父母的反应方式。父母很多时候认为，咨询师应该用某种方法调整孩子们的态度，或者直接告诉他们怎样改变孩子的行为。我从来没有遇到过在违背另一个人意愿的情况下，一个人可以成功地改变另一个人的情形，特别是对青春期的孩子来说，但是我却遇到过一些父母，因为改变了自己的行为，也使孩子发生了巨大改变的情况。

　　杰里米（Jeremy）就是这样一个父亲。为了改变他 15 岁叛逆的女儿莱斯莉（Leslie），他尝试过为孩子立规矩、叫喊、威胁，但是这样做的结果是他要遭受莱斯莉的不良态度和更多的不端行为。我听了他的抱怨，然后问了他奇迹问句，我们一起经历了这个过程。

　　杰里米：在奇迹时刻，我女儿会尊重我，并且和我聊天，听我的话。

　　琳达：那些会为你带来什么？

　　杰里米：那意味着她尊重我。

　　琳达：告诉我那些尊重你的人是怎样的？

　　杰里米：我是一个外科医生，负责整个产科病房。无论我做什么，我的员工都不会质疑。我在那里已经工作 10 年了，他们尊重我。

　　琳达：你做了什么事让他们那样尊重你？

　　杰里米：我很可靠。我尊重他们，他们也尊重我。我对他们很耐心，我跟他们交谈并理解他们的需要。当他们帮助病人或我的时候，我会称赞他们。我也会设置底线，他们知道自己被期待做什么，我们是一个真正的团队。

　　琳达：你在工作中会紧张焦虑吗？

　　杰里米：当然了，谁不会呢？

　　琳达：当你对某些让你生气的事情做出回应时，你如何保持员工对你的尊重？

　　杰里米：我保持冷静和专业。我可能会独自走几分钟，并告诉员工几分钟之后我会和他们谈谈。在医院里，病人不需要看见你的焦虑。我给员工说话的时间，但是对于原则性问题，我不会让步。

　　琳达：这些都是很好的方法。当莱斯莉使你生气时，你所用的方法有什么不同吗?

杰里米:有很大的不同。

琳达:我很想知道下周你女儿再惹你生气时,如果你能使用工作中的方法对待她,会发生什么。

杰里米:(笑了)她可能会觉得我有什么问题了。

琳达:鉴于你在工作中和员工相处得如此成功,我想给你一个建议。今天从这里离开之后,请你把你和女儿的关系想象成你和同事的关系。你说过你会支持他们,并且听他们说自己的想法。当他们做得很好的时候,你会赞扬他们。当你要指出他们错误的时候,你会先走开,并整理你的想法,然后平静地跟他们说。是这样吗?

杰里米:是的。

琳达:听起来你已经知道要做什么了。这些在医院里的做法都是你告诉我的,我期望看到你把这些方法用在莱斯莉身上。一定要观察她的反应。

两周之后,杰里米告诉我他只遭受过一次莱斯莉对自己的不良态度。有几次他让她为自己跑腿,她都做了,也没有抱怨。他还请求跟她一起去商场,这让莱斯莉很吃惊。他以为她会拒绝,但是她却没有。她不仅同意了,而且两人一起度过了很愉快的时光,这让杰里米感到非常吃惊。他很享受他们在一起的时光,还告诉她跟她在一起很有意思。当她想去参加一个聚会却没有得到父亲允许的时候,她很生气。杰里米没有大喊大叫,而是解释为什么自己不允许她去——因为自己不认识她这些朋友的父母,他还告诉她自己这么做是因为自己很爱她。她也逐渐平静下来,并且告诉父亲将来可以带朋友回来自己家,父亲也告诉她自己愿意见一见她那些朋友。莱斯莉对于杰里米不让自己去聚会的决定还是很不开心,但是他们之间从激烈的冲突变成了平静的讨论。

练习7.1　职业技能和个人技能的调查

职业技能和个人技能都可以帮助你提升养育技能。通过下面这个调查，你就能看到它们对你的帮助有多大。

A. 列出你有效完成工作必需的一些品质、习惯和技能（如准时、组织能力、人际交往能力、智力）。在每个品质后面，简要写下你是怎样让自己做到的（如你想了什么，做了什么，展现给别人的是什么）。

1. _____
2. _____
3. _____
4. _____
5. _____

B. 你的老板会怎样描述你最有价值的品质和技能？

1. _____
2. _____
3. _____
4. _____
5. _____

C. 解释一下你和同事或好友一起工作时你所使用的促成你拥有良好人际关系的品质和技能。主要描述一下你是如何向别人展现这些品质的（如你是怎么想的，怎么说的）。

1. _____
2. _____
3. _____
4. _____
5. _____

D. 问一下你的配偶，当你和孩子相处比较融洽时，他/她会如何描述你的行为。

1. _____

2. _____

3. _____

4. _____

5. _____

E. 想象有一架录像机捕捉到你和孩子们关系很好的时刻，你会看到自己做了什么，就会知道你们之间的关系比较好？

_____

_____

_____

F. 如果你采访你的孩子，他们会如何描述与你之间的理想关系？

_____

_____

_____

_____

这样走　这样说

有时候站在孩子的立场上，你会对孩子们的世界有一个完全不同的理解。12 岁的安迪（Andy）和他的父母一起来咨询。我问他，如果我做一天他，会体验和经历什么。他得意地笑起来。

安迪：你不会坚持很久的，很快就会放弃。你是在妈妈所在的学校上学，所以每天你都会被妈妈叫醒，很早来到学校，然后独自游荡，妈妈会向你所有的老师打听你是不是表现很好。下午回家后，你也没有休息的时间，有的只是作业、作业、作业。更糟糕的是，爸爸回家后，想和你一起在电视上看冰球比赛，但是妈妈会进来跟爸爸吵架，说你要上床睡觉了，每次都是这样。这就是我感到很沮丧并且总是发脾气的原因。

安迪的父母不知道他们对待彼此都很固执，对待安迪也一样。在安迪说了自己的想法之后，我们一起讨论怎样才能减轻他的压力。他的压力主要来源于在学校方面所承担的期待和写作业。安迪的父母同意给他留出和父亲一起相处的时间，并且他们也不会仅仅把安迪当作一个教师的儿子进行要求，而是尊重他作为一个普通孩子的需要。一段时间之后，安迪的脾气好一些了，态度也变得更平静了。

所以，约翰尼（Johnny），你是如何看待战争的？

每个孩子，特别是青春期的孩子，都有自己的想法和观点。我们要关注他们，尊重他们，并且倾听他们的想法和观点，了解在他们的世界中什么是重要的。过去这些年中，在世界范围内发生了很多不幸的灾难和冲突，你如何跟孩子们说这些就很重要。最近一则电视广告中描述了一系列父母在吃饭、跳水、做家务时和孩子一起交流日常经历的场景。当你和孩子们有了谈论一些日常生活话题的习惯时，在谈论吸烟和药物滥用时就会容易很多，也会自然很多。

和你的孩子说说你的工作，也问问他们的生活中发生了什么，有什么有意思的事，并且告诉他们，这不仅能帮你更好地了解他们，而且能让你为接下来的生活做好准备。下次当你变得焦虑的时候，试着使用下面这些技巧来培养你们之间的良好关系。

当你要爆发之前，问问自己以下几个问题：

　　"我现在想和我的儿子/女儿达成什么目标？"

- 引起他/她的注意。
- 告诉他/她做某事的更好的方法。
- 确保他/她的安全。
- 帮助他/她找到解决问题的更好的方法。

你达成目标的方式不同，你的孩子倾听或回应你的方式也就不同。在一节儿童发展课上，我给大学 2 年级的学生上课，提出了一个关于纪律和规则的问题。当我们一起回顾父母经常使用的一些管教的方法时，我问这些学生，在他们小的时候对于父母做的什么事印象最深刻。学生们说，并不是惩罚起了作用，而是当父母对他们说，自己的行为令父母很失望这件事对他们来说是最严重的惩罚。

和你的孩子谈话，特别是青春期的孩子，向他们树立一个值得尊敬的父母形象。你的行为比语言更有力量，而且你对他们的想法也很重要。注意你对他们所使用的语言。你的孩子会从他们的所见中学习，他们会记得你和他们一起做过什么。请站在他们的角度上过一天。

养育青春期的孩子：行动和反应

在本章前面的部分中，我们谈到了如何与孩子之间建立良好的关系。我的同事，斯蒂芬·奇尔顿（Stephen Chilton），为青春期孩子的家长开设了一个焦点解决的家庭养育小组。在第一次会议上，奇尔顿和家长们讨论了一些假设，帮助家长们从不同的角度对自己的角色进行理解。请注意以下每个假设，这些假设虽然朴素，但却具有值得称道的特性。

- 家庭养育是你遇到的最爱的，也是最困难的工作。
- 你应该得到你所给予你的儿子/女儿同样的爱和尊重。
- 养育孩子的过程也能持续唤醒你自己内在最好和最糟的一面。
- 请记住，作为父母，"你得到的爱与你付出的爱相当"。

就像奇迹问句过程中所传递的那样，当父母对问题的反应不同时，结果也将会是全新的。建立新的反应系统的方法之一就是换一种眼光看待你的孩子。

练习7.2　重新描述

在教养团队中，我使用这个方法来改变参加者对孩子的态度：

1. 你孩子的哪些态度和行为最让你担心？在"描述"下面写下你的答案。

2. 当你这样描述你的孩子时，你会对他/她做出什么样的反应？在"反应"下面写下你的答案。

描述	反应
挑衅的	我必须要辩护
＿＿＿＿＿	＿＿＿＿＿
＿＿＿＿＿	＿＿＿＿＿
＿＿＿＿＿	＿＿＿＿＿

3. 让我们保留你最初的描述。这次，假装你正在描述一个最好的朋友或亲戚，你认识这个人很久了，并且他对于你来说很重要。你们分享秘密，共同迎接挑战和面对挫折。假设你突然看见你的朋友出现了像你刚刚描述的那些态度或行为，你会做出怎样不同的反应？请在下方写出同样的描述，并在"新的反应"下面写出答案。

描述   新的反应

_____   _____

_____   _____

_____   _____

在问题 3 中你的反应是不是和问题 2 不一样呢？这个练习表明很重要的一点：你对孩子的重视没有你对重要他人那么多。经过这个练习之后，当你的孩子再发脾气时，你就可以用新的方式做出反应了。

4. 使用问题 3 中的"描述"和"新的反应"想象一下，你用那样的方法来回应你青春期的孩子，你的孩子会说你有什么不同。

_____

_____

5. 当你今天晚上看到你的孩子时，对自己承诺，"不管他怎么说，怎么做，我都会把他当作我一个想保持长久关系的好朋友对待"。你要让孩子看到，不管发生什么，你都是那样一个一直支持他的朋友。和你的配偶也使用这个方法，仅仅今天晚上。如果这个方法有效，你就可以不停地使用它。

养育幼小的孩子：具体化和使用催眠

把孩子的问题具体化可以帮助他们控制自己的行为，也能帮助你把问题看作问题，而不是把孩子当作问题。在《叙事治疗的力量》（*Narrative Means to Therapeutic Ends*）这本书里，迈克尔·怀特和戴维·爱普生指出，把问题具体化可以使人们把问题从他们的主要故事中分离出来，那些故事塑造了他们的生活和人际关系。他们声称：

> 当人们从故事中分离出来的时候，他们能够体验到一种个体自理性的感觉；当他们从自己表演的故事中分离出来的时候，他们就能够体验一种干预自己的生活和人际关系的能力。

把问题看作问题，使我能够用下面的方式和孩子们一起讨论关于生气、悲伤和责任的话题。下面的楷体字是对问题的具体化描述：

> "周二的时候，你和妈妈说话的粗暴态度不见了，真是太好了，你是如何控制自己的？"

> "告诉我周一的时候你是如何变得那么强大，没有让恐惧战胜你，而是可以在自己的床上独立睡觉的。"

> "当你和弟弟在一起的时候，你没有让生气控制你，对此我印象深刻。"

> "我很吃惊你没有因为祖母的去世而耽误你的学习。"

> "今天做这些烦琐工作的时候，你很好地控制了自己的情绪。你是如何使事情步入正轨的？"

通过这样的方式讨论问题，你就给了孩子一个机会，使其用新的行动去战胜问题。你也可以通过和孩子一起讨论来帮他找到战胜问题的新方法。例如，如果你的孩子害怕自己睡，你可以考虑这样说：

> "乔伊(Joey)，我知道有时候对黑暗的恐惧会困扰你，使你冲出自己的房间，跑到我们的房间来，让我们谈谈今天晚上你和我可以做些什么使你不再那么害怕，并且使你变得更强大吧。"

首先请注意，我把害怕和乔伊分开了，并且指出是害怕让乔伊从他的房间出来的。然后我请乔伊想一下，有什么方法可以让他比害怕更强大，就一个晚上使用这个方法，慢慢来，帮助孩子们看到过程。也许乔伊那晚只在自己的床上睡了 4 小时，第二天晚上，不用指出乔伊并不是整晚都自己睡的，下面的说法可能更有帮助：

　　"乔伊，我真为你骄傲，昨天晚上你有 4 小时比害怕更强大，你是怎么做到的？"

每次当乔伊在自己的床上多待了一段时间之后，对其进行表扬是非常重要的。如果他很快就出来了，不用感到事情倒退了，你可以告诉他：

　　"没关系，战胜害怕是件很难的事，你和他们进行了两小时的战斗，这已经很棒了。"

在学校里，对一个有注意力障碍的学生和她的老师这样说可能更有帮助：

　　"泰勒（Taylor）女士，我很想得知苏茜（Susie）什么时候能够稍微控制住自己。你今天能看一下在教室里她什么时间比较能够控制自己的注意力吗？我也会让苏茜关注一下自己在什么时间能够控制得好一些。"

这样的谈话方式可以让老师知道你对苏茜有不同的看待方法。可能当老师站在苏茜边上的时候，她就能更好地集中注意力。也许苏茜可以完成一些不是特别难的任务，也许苏茜必须坐在教室里更好的区域，才能有更好的结果。

未来的 20 年：请好好记住我

　　处于离婚边缘的芭芭拉（Barbara）带她的丈夫戴夫（Dave）来咨询。她丈夫是一名珠宝商人，最近压力很大，他释放自己压力的方式是把厨房柜子打开并且使劲关上，并一次又一次地重复。戴夫还会制造其他的噪声，并且对着妻子和5岁的女儿塞西莉亚（Cecilia）大吼大叫。很快，塞西莉亚开始做噩梦，并在学校出现注意力的问题。芭芭拉告诉戴夫，除非他开始改变自己的行为，否则她就离开他。

当我和戴夫见面之后，我可以感觉到，他并没有真正进入和我交流的状态。当我问了他几个问题之后，我仍然确定，我并没有和他建立联结。我问了关于工作的事情，并且问他在工作中遇到挫折的时候是否也会爆发。

戴夫：不，在工作中我不会像在家里一样爆发，否则我会失去工作。

琳达：你是说在工作的时候你从来不会不安和爆发？

戴夫：很少，但是在遇到一些情况的时候，我还是觉得有很大的压力。比如，有时候顾客会让我反复做一些他们已经让我做过的事。

琳达：你怎么应对这些情况？

戴夫：在商店后面有一个小胡同，当我休息的时候，我可以在那里吸烟或者嚼一些烟叶，直到使自己平静下来。

琳达：我很想知道……你看起来像那种可以把自己的女儿和妻子当作顾客和老板一样珍视的父亲。

戴夫：的确，但家是排气口。之前我父亲这样做，我母亲也这样做。我应该有一个可以发泄不良情绪的地方。

琳达：我问你们两个一个问题，但是不会让你们现在做出回答。我想请你们在下周想想这个问题，等到再来咨询的时候告诉我答案。问题是：20年之后，一名记者采访塞西莉亚，问她5岁的时候和自己的父母在一起，生活是什么样子的。下周请想想你们希望塞西莉亚如何回答这个问题。

在一段可怕的沉默之后，他们走了。

一周之后，这对夫妻回来了。芭芭拉说戴夫"像一个老鼠一样安静"，塞西莉亚只做过一次噩梦。我很高兴，让他们这周仍然这样做，戴夫看了看我并且说道：

戴夫：还记得你问我的那个问题吗？它像一块巨石一样击中了我。我只想让我的女儿觉得我很好，而不要其他的结果。

作为父母，你每天、每周、每月、每年的所有时刻的所作所为都会对孩子产生印记，在孩子身上印下你想让他们记住的关于你的一切。今天请和他们做一些你希望他们能够深情地记住的事情。事实上，每天都可以这样做。

结论

有多少不同的孩子就有多少不同的父母。如果你想不起来你的哪些教养方式有效时，问问你的孩子，他们知道。这样做不会让你丢脸或者觉得自己无能。恰恰相反，他们会更尊重你，他们也许会给你比你给他们更多的建议。和孩子建立那样的关系：当他们需要你的时候给他们支持，参加他们的运动会或音乐会。和他们的老师交流，认识他们的朋友，成为他们生活中的一部分，这样当他们长大成人之后，会依然与你保持联系。

我和丈夫有三个孩子。在写作这本书的时候，两个孩子在读大学，一个在读研究生。在他们小的时候和青春期的时候，每个孩子都教会我们要用不同的方式教养他们。当我们严肃地和我们的大儿子小罗杰讨论他的行为时，他会做出很好的回应。我们的女儿凯莉需要时间来思考她如何处理一件事情。最小的孩子瑞安需要直接的、明确的界定和规范。有时候感觉像是"碰运气"，但是得知哪些方法是有效的对于我们来说也是一种回报。

在《高效能人士的 7 个习惯》(*The Seven Habits of Highly Effective People*)一书中，史蒂文·科维(Steven Covey)回忆了一个朋友是怎样处理和他儿子之间关系的：

> 我有个朋友，他儿子狂热地喜欢上了棒球，而我的朋友对棒球根本不感兴趣。但是有一年夏天，他带着儿子去看一场联赛，这次旅行用了 6 周时间，并且花了很多钱，但是也成为使他们之间的关系变得非常紧密的一个机会。
>
> 回来的时候，我的朋友被问道："你非常喜欢棒球了吗?"
>
> "没有,"他回答，"但是我非常喜欢我儿子了。"

首要和最重要的戒律是不能让他们吓住你。

——埃尔默·戴维斯

第八章

控制你的不良习惯

习惯的链条很弱，一般不会感觉到，直到它们变得太强大而不得不被打破时。

——塞缪尔·约翰逊

按照韦伯斯特（Webster）的说法，"疾病是一个带有特征性症状的有机体由特定的原因或者是性格上引起破坏的过程"。习惯是"一个由于经常重复而变得自动化的行为"。有害的习惯打乱和破坏了生活。疾病被认为是病理性的，而且只能被医生治疗。物质滥用可以被描述为疾病，也可以被描述为习惯。对于人们来说，选择一种不同的描述方式可以打开改变的大门。本章我们会把物质滥用看作一种有害的习惯，而不是疾病。习惯可以被打破。

当人们被有害的习惯，如药物和酒精滥用、饮食障碍、赌博、不良性行为控制时，通常都会寻找传统的方法获得帮助。他们可能经历对质、住院接受精神治疗等。所有这些方法都是通过让人们直接面对自己的疾病，面对现实和不良习惯带来的负面效果，从而使其不再持续这样的习惯。

当人们不愿意接纳的时候，他们可能会拒绝接受现实或者"没有准备好改变"。治疗也会在这时候停下来，因为人们被告知说除非他们准备好改变，否则任何事都做不了。这种取向的治疗有时候很有效，特别是对那些想要停止物质滥用的人来说，但是对很多人来说，也不起作用。在茵素·柏格和斯科特·米勒（Scott Miller）的《和酗酒者一起工作》（*Working with the Problem Drinker*）一书中，描述了与物质滥用者一起工作的不同方式。他们没有把物质滥用看成一种疾病，而是把焦点放到人们的力量和人际关系上。下面就是一个例子：

Z先生一直坚持认为自己没有酒精滥用问题，并且也不想停止饮酒。当被问到为什么的时候，他说他曾经做过很多次不再喝酒的承诺，但是都没有坚持下来。Z 先生说，他起初从来没想过自己会做出这样的承诺。由于父母经营着一家地方酒馆，他每次去探望父母的时候，就决定"只喝一小口"。然后，他会因为又打破自己的承诺而自责，索性就会一直待在酒馆里喝更多。治疗师问 Z 先生他不喝酒的那些时光有什么不同？Z 先生和 Z 太太一致认为，曾经有一段时间 Z 先生是不喝酒的，那段时光无论对于他们自己来说，还是对于他们夫妻来说都有有益的影响。

药物为你做了什么？

我曾经和玛丽娜（Marina）一起工作过。她 23 岁，每天都用甲基苯丙胺（Methamphetamine），一种兴奋剂。她承认这危害了她和男朋友之间的关系、她的工作（售货员）以及她的健康，但是她依然保持这个习惯，尽管她自己很想改变这个习惯。在我们第一次见面的时候，她问我：

玛丽娜：当我知道这个习惯对我的生活有害和有破坏作用的时候，为什么还会这样做呢？一定有某些深层的原因使我在明知道是错误的时候依然反复地这样做。

我问她使用药物为她带来了什么。

玛丽娜：它能帮助我缓解压力。在上个工作中，它能让我卖出更多的商品，使我在公司中有更好的表现，也会让我挣到更多的钱，并且感觉自己更自信。当我使用药物之后，我会感觉充满能量，并且回家之后能够做我想做的任何事情。

她的反馈其实是对奇迹问句的回答，尽管在这个案例中问的方式不同。这个答案很简单，但显然她对此不满意，因为这意味着她需要应对自己的生活。我们在一起集中讨论了在不使用药物的前提下，如何帮她缓解压力，如何在家完成任务，如何在工作中表现良好以及如何感到自信。

当应对不良习惯时，奇迹问句包括广泛寻找例外，即不良习惯没有出现的时候。人们被告知他们可以通过识别那些不良习惯没有主宰的时刻来远离不良习惯。这给了他们一个机会，让他们可以看到并寻找那些习惯不再主宰他们的情境。他们可以通过识别以下几点来做到。

人们可以通过识别这些时刻来发现资源：

- 不借助不良习惯而帮助人们达成目标的个人能力；
- 不良习惯没有发生，没有干扰生活、关系或工作的情境；
- 拒绝坏习惯，使用有帮助的想法的情境。

试着走向解决之道

接下来的内容节选自我的《焦点解决的团体治疗》（*Solution Focused Group Therapy*）一书，描述了如何通过使用奇迹问句帮助受到酒精滥用困扰的人们。它帮助一个男性意识到他要做的是通过"付诸行动"去解决问题。

约翰，33 岁，在他父母的坚持下来到治疗小组。当他在 3 年中丢掉了 11 个工作之后，他回家了。由于经济上的压力，他全部的食宿都依赖自己的父母。为了解闷，他卖了很多值钱的东西买酒喝，或者在一个朋友家里一连狂欢好几天，然后他就回家，并在父母的照顾下，恢复健康。

他说自己的生活除了痛苦之外没有别的，他对治疗小组成员说自己拒绝去 AA（匿名戒酒互助会），而且他也忘记了那些训诫——因为这不管用。他最后说了希望自己的生活变成什么样。我意识到在过去的 5 年中，他是为了使自己在面对困难时变得麻木才喝酒的。他的妻子离开了他。他不断地一次又一次地丢掉工作，拥有的财富和健康都在消失。约翰知道酒精是始作俑者。我试图让小组成员走进他的世界，并且让他感觉我们正在努力理解他。在这次治疗的最后，他说："这是我第一次遇到一个没有责备我的咨询师，我知道我有问题……这从来不需要任何人告诉我。在这里我觉得你可以帮助我，因为当我跟你说这些事情的时候，我没有感到尴尬，你好像能够理解我。"

对约翰来说，这看起来至少是一个开始。在接下来的几次咨询中，他谈到了一些没有喝酒的时候，还有一些他很喜欢的活动。他是空手道黑带，当他不喝酒的时候，他就锻炼，并且感觉很好。他也说了如何使用酒精来帮助自己获得更好的睡眠。在很早的时候，他由于过度活跃而无法入睡，酒精让他每晚能放松地睡 3～4 小时。我把他介绍到一个睡眠障碍诊所去进行一下评估。

当他在处理其他例外的过程中，他看了看我并且说道："当我把酒藏起来的时候，我就会暴食。我特别害怕我的妻子和母亲抓到我，所以我就通过喝酒来掩饰。"他开始找工作，并且找到了。两个月之后，他挣到了足够的钱，这让他可以从自己父母家搬出来。饮酒的频率也降到每周 1～2 次。按照我们的约定，他又开始在一个空手道俱乐部里健身。

当和妻子的关系有所改善之后，约翰不再来治疗小组了。一年之后，他打电话告诉我，他又复发了。我让他想一下以前他用的一些有效策略，并且对于他能够给我打电话以求回到正常轨道上的行为表示了赞赏。

在我们通话后不久，约翰参加了一个新的康复小组。听说他能够在过去一年中持续工作，我感到很惊喜。开始的时候他总关注自己的失败，很难给自己信心，但是小组成员对于他想努力工作以及关心父母的行为表示了赞赏。通过在小组中的观察，约翰意识到自己需要与同事有更多的社会交往。之前，他认为同事故意排挤他，这次小组辅导之后，他又找到一个新的空手道俱乐部去健身了。每当他说自己害怕在工作中与另一个人走得太近的时候，小组成员就会使他确信他们喜欢以他为伴，并且建议他跟随自己的直觉行事。小组成员帮助他消除了对自己信念的质疑，并帮助他相信自己。

当约翰知道自己有能力戒掉酒精依赖后，他感到更加自信和成功了。人们都是为了找到一些缓解痛苦的方法或更好地应对不确定或孤独时才会依赖药物或酒精，所以当人们在生理上需要依赖物质时，上瘾行为更容易发生。我没有讨论酒精带来的危害，这样做对约翰饮酒的行为并没有什么帮助，而是把注意力放在当他改变了不良行为之后他的妻子会怎样做，这比指出他原来的行为是错误的更有说服力，因为指出错误对任何人的自信都是一个打击。把注意力放在他未来的生活会怎样，以及当他控制了自己的不良习惯之后，其他人会如何对他做出反应似乎更有效。

停止对防御的指责

下面这个案例展示了给有酗酒习惯的家庭成员使用这个方法的另一个例子。在这个家庭里，女儿，简（Jane），想努力帮助她的父亲巴里（Barry）发现他的酗酒行为对家里的每个人都带来了伤害，但是却失败了。简成了戒酒项目中所说的"替罪羊"，她开始挑战家庭的权威并且出现了一些其他的症状，这让别人把她看作问题。这种情况经常发生在年轻人身上。他们为了获得家庭的信心和降低家人的阻抗，就会用这些危险的行为作为求救和防御的标志。我采用的方法是把巴里酗酒的问题具体化。当我想知道更多关于这个家庭如何使这个问题持续发生，并且得到了每个人配合的时候，我使用这种方法。

当这个家庭的成员试图说服巴里他是一个酗酒者时，他却否认这样的指责，并且说自己给家人提供了衣食保障，他还说自己没有酒精滥用问题，而是家人有问题，因为他们都不感激他。在他们全家人都在场的时候，我问简、她的妈妈安妮（Anne），以及她的小妹亚历克西丝（Alexis）：

琳达：在不久的将来，你们希望家庭变成什么样？

简：情况变得正常了……就像其他人的家一样。

琳达：当正常的这一天很快到来的时候，它看起来是什么样子？

简：我可以叫我父亲带我去前天我让他带我去的那个地方，并且他不会忘记这件事。晚上他会花时间和我待在一起，而不是喝酒，他也不会对我的妈妈大喊大叫。

琳达：过去什么时候情况好一些？

简：当他有一个与现在不同的工作的时候。

琳达：貌似在过去几年里有个问题侵入了你们的家庭，这个问题带来了哪些变化？

简：就像我刚才说的……他忘记了我告诉他的事情，他大喊大叫……

琳达：其他人是怎么处理这个"问题"的？

简：我妈妈哭，并且也大喊大叫。我很生爸爸的气，并且对着他尖叫，然后就回到自己的房间，变得很沮丧。我妹妹也有很多问题。我有时候会离家出走，我真是遇到了很多麻烦。

　　琳达：如果每个人开始和这个问题做一点小小的斗争，你们每个人会看到自己做什么呢？

　　安妮：我猜我不会听他的吼叫。当他吼叫的时候，我会离开房间，而不是也对着他吼。我可能会停止买啤酒。

　　简：我会更多地和朋友出去，不会总是待在家里，不会那么抑郁。如果他停止喝酒，我会在他面前表现得更好。

　　亚历克西丝：当我爸爸喝酒的时候，我会离开他，也不会让他跟我玩。他不喜欢那么做，我就自己玩。

　　巴里：我猜我会试着晚上的时候少喝一点，我仍然不觉得我有问题，但是好像其他人是这么认为的。我爱他们所有人，也希望他们能够快乐。

　　琳达：巴里，听起来是"问题"让你做了你不想做的事情。你希望自己的家人变成什么样？你希望他们怎么看待你？

　　这种从把巴里作为问题到把问题本身作为问题的改变降低了家庭成员的阻力，增加了尝试新方法的可能性。注意，我们在谈话中没有一直把焦点放在巴里身上，他是在听到问题影响到了每个人的时候，自己提出减少饮酒的。当然，理想的情况是父亲能够停止饮酒，这对所有人都有好处。但是放弃一个控制了这个家庭很长时间的，同时给巴里带来信念的一个习惯是很困难的。

　　这一家人持续进行了咨询。我让巴里关注一下当减少饮酒时家人对他态度的细微变化，以及其他人对他比较感激的时候。我告诉他，如果他的行为得到了别人的认可和感谢，就记录下来。我让他做一个每日跟踪记录，描述当他少喝酒以后其他人对他的反应是什么。两周以后，当他看到家里人对他态度的转变之后，他就决定只是偶尔喝酒了。他的妻子也不再买啤酒，而是用省下来的钱邀请她的丈夫与那些不喝酒的人聚会。简也不再有那么大的脾气，在家里表现很好，也交了一些好朋友。亚历克西丝也重新赢回了自己的玩伴。巴里告诉我，他感到了前所未有的别人对他的感激，家里所有的人也这样对他说。

下面的方法可以帮助你使用奇迹问句控制有害的习惯，如药物和酒精滥用、饮食障碍、赌博、不良性关系或者其他干扰你生活的习惯。

请注意：如果你或者周围的人正在经历严重的物质滥用或者减肥或者被饮食障碍困扰，建议在开始这个计划的同时去看医生。当你准备开始改变那些使你不能享受生活的不良习惯时，得到专业的帮助是很重要的。

练习8.1   控制有害习惯的方法

1. 尝试理解使用物质的必要性。

不良习惯为你做了什么？

_____

_____

_____

_____

不良习惯对你以下方面有什么影响？

家庭：

_____

_____

_____

_____

工作：

_____

健康：

_____

_____

_____

2. 设想一下，如果没有这个不良习惯，你的生活会是什么样的？

如果有一天这个不良习惯不再干扰你的家庭、工作和健康，你的生活会是什么样子？

_____

_____

_____

_____

当你的不良习惯发生的频率降低到你能够对它更有控制力时，谁会首先注意到这一变化？

_____

_____

_____

3. 回顾一下过去你为控制习惯所做的尝试：

过去你为控制不良习惯做了哪些努力？那些就是例外。

（1）_____

_____

_____

（2）_____

_____

_____

（3）_____

_____

_____

（4）_____

_____

_____

（5）_____

_____

_____

在那些一段时间内有效的尝试上打钩，在那些无效的尝试下方画上横线。

想想你是如何达成每一个目标的，当时有谁，你在哪里，或者有什么不同的地方。

（1）_____

_____

（2）_____

_____

（3）_____

_____

（4）_____

（5）_____

对于上面你所列出的例外，写出你认为是自己的哪一点使事情变得不同的：

_____

_____

_____

_____

4. 任务拓展

在 1 到 10 的标尺上，1 代表你被不良习惯控制，10 代表你掌控了不良习惯。在今天开始之前，你处于什么位置？

习惯控制我　　　　　　　　　　　　我掌控习惯

　1　2　3　4　5　6　7　8　9　10

明天你希望在哪里？_____下周呢？_____你怎样才能到达那里？使用问题 3 中你应对不良习惯的策略。

_____

_____

_____

_____

_____

_____

_____

_____

在你今天还能完成的任务旁边打钩。你需要靠什么样的想法和信念度过今天。

_____

_____

_____

_____

减重专家：以不同的视角看待神经性厌食症

饮食障碍严重地影响着人们，不管是通过少吃使自己保持苗条，还是过度进食使自己感觉满足。专业人士认为，很多人都是因为自己生活的其他方面失控了，才通过控制饮食获得掌控感。在使用奇迹问句的过程中，被饮食障碍困扰的人们可以有机会看到是习惯掌控了他们，而不是他们控制了饮食。这种方法经常可以帮助那些想在绝望的生活中抓住救命稻草的，以及感觉能够通过控制体重控制自己生活的人们。

下面这个案例是关于金（Kim）的，一个 1 米 7 左右的 18 岁女孩，体重只有 34 公斤左右。在读这个案例的时候，你会注意到，我很少使用神经性厌食症的诊断标准，甚至我也不会指出金患有饮食障碍问题，因为障碍一词的内涵意味着人们需要被治愈。我想让人们有掌控感，能够自己治愈，只对症状及其不良结果的描述很少能够给人们改变一个习惯提供充足的理由，更不用说这个习惯还可能会给他带来很多好处。人们可能对习惯会妨碍健康的说法更容易接受。幸好，习惯是可以被打破的。混乱的状态可以一直尾随着人们，并降低人们的自信。下面的内容节选自我的《焦点解决的团体治疗》一书：

　　当我第一次见到金的时候，她正经历着冷漠、阿默氏综合征和掉头发的困扰。在巴黎上了一年大学之后，当她回到家的时候，她的父母带她去看了医生。在最热的夏天，她却穿着好几层厚厚的衬衣。前天晚上，当她在镜子里看到自己肋骨的时候，她真的害怕了。尽管很害怕，但是她依旧没有开始正常进食。她说她对增长体重很在意，因为曾经有段时间她的体重超过了130磅，她不想再达到那个体重了。她说因为巴黎的食物中有很多脂肪，所以她一直只吃苹果。她还说自己的父母对自己过分溺爱，但是家庭经济条件并不好。她还有个弟弟是药物依赖，令家人非常失望。作为一个充满前途的大学生，在第一年的学习中，她所有的科目都得到了A。但是金说，在上大学的前一年，她进入了一个核心的大学预科学校，竞争很厉害，自己的压力很大，她觉得自己被抛弃了。在接下来的谈话中，我了解到金的以下信息和她的目标：

　　• 她想提高自尊水平，由于自己的弟弟让父母很失望，所以她想做一个完美的孩子。

　　• 当她父母把食物拿到她面前的时候，她很害怕，而且她只看到其中含有多少克脂肪，所以她拒绝吃东西。

　　• 她想重新变得健康，但是不想变胖。

　　• 她想让生活重回轨道，但是想自己能够控制这个过程。

　　• 她知道自己有不好的饮食习惯，但是不想叫它饮食障碍。

　　• 计算卡路里和要吃几块食物对她似乎有帮助，因为这让她体验到掌控感。

　　• 增加体重是一个逐渐的过程，她想慢慢地开始做。

- 她说希望我尊重她想保持健康但苗条的愿望。

经过几次个人咨询之后，金使她的体重保持稳定且没有减轻，并且她每天开始吃一些低脂的、健康的食物。当她的父母希望她很快增加体重的时候，在争得金的医生的许可后，在金的坚持下，我和他们进行了沟通，提醒他们不要让她太快增加体重，应尊重她对掌控感的需要。金说她希望根据自己的步调增加体重，我也认同这是一个好主意，并且说她是一个"减重专家"。我也提到，在将来的时候，如果她的体重增长太快，她也有办法再减下来。她说曾经在一年内减掉了 50 磅，我告诉她，这让我对她很有信心，因为她知道当体重失控的时候怎样控制。她很害羞地说自己有这方面的经验，并且还在一直计算卡路里。她问我这样做是不是可以，我总是做出同样的回答："怎么做能帮助你吃更多健康的食物？"她总是回答："我感到更有控制感的时候。"金吃饭的时光（她的例外）如下：

- 当她知道每吃一点东西会摄入多少卡路里的时候。
- 当她为第二天做出饮食计划的时候，她要确保每一餐的卡路里不会高于另外两餐之和。
- 当她自己吃饭的时候，她感觉放松并且更喜欢吃。
- 当她觉得自己的生活很有序的时候。
- 当她的父母不再过多地谈论她的饮食问题，并且对她吃的食物不加干涉的时候。
- 当她看到自己肋骨的时候。

在 9 个月的咨询中，金增加了近 30 斤的体重。她变得充满生机和健康了，我也持续地跟她说我把她看作一个"减重专家"，这种持续的提醒让她知道自己有控制力。她后来又参加了一个支持性的团体，在其中她用了同样的方法帮助那些有同样问题的人。

下面这些方法可以帮助你检测那些危害你健康的不良饮食习惯。

请注意：如果你正经历着明显的体重骤减，请咨询你的医生，以保证这不会影响你的健康，或向一个你信任且尊重你个人目标的人寻求专业咨询。

练习 8.2　应对有害饮食习惯的方法

1. 尝试理解不良饮食习惯存在的必要性。

问问你自己：

不良饮食习惯为你做了什么？

_____

_____

_____

_____

这个不良饮食习惯对你以下方面有什么影响？

家庭：

_____

_____

_____

工作：

_____

_____

_____

健康:

_____

_____

_____

2. 设想一下，如果没有这个不良饮食习惯，你的生活会是什么样子？

如果有一天这个不良习惯不再干扰你的家庭、工作和健康，你的生活会是什么样子？

_____

_____

_____

当你的不良习惯发生的频率降低，你能够对它更有掌控力时，谁会首先注意到这一变化？

_____

_____

_____

_____

3. 回顾一下过去你为控制这个习惯所做的尝试。

过去你为控制这个不良习惯做了哪些努力？那些就是例外。

(1)_____

_____

(2)_____

_____

(3)＿＿＿＿＿＿＿＿＿＿＿＿＿＿＿＿＿＿＿＿＿＿＿

(4)＿＿＿＿＿＿＿＿＿＿＿＿＿＿＿＿＿＿＿＿＿＿＿

(5)＿＿＿＿＿＿＿＿＿＿＿＿＿＿＿＿＿＿＿＿＿＿＿

在那些一段时间内有效的尝试上打钩，在那些无效的尝试下方画上横线。

想想你是如何达成每一个目标的，当时有谁，你在哪里，或者有什么不同的地方。

(1)＿＿＿＿＿＿＿＿＿＿＿＿＿＿＿＿＿＿＿＿＿＿＿

(2)＿＿＿＿＿＿＿＿＿＿＿＿＿＿＿＿＿＿＿＿＿＿＿

(3)＿＿＿＿＿＿＿＿＿＿＿＿＿＿＿＿＿＿＿＿＿＿＿

(4)＿＿＿＿＿＿＿＿＿＿＿＿＿＿＿＿＿＿＿＿＿＿＿

(5)＿＿＿＿＿＿＿＿＿＿＿＿＿＿＿＿＿＿＿＿＿＿＿

对于上面你所列出的例外，写出你认为是自己的哪一点，使事情变得不同的？

＿＿＿＿＿＿＿＿＿＿＿＿＿＿＿＿＿＿＿＿＿＿＿＿＿

＿＿＿＿＿＿＿＿＿＿＿＿＿＿＿＿＿＿＿＿＿＿＿＿＿

＿＿＿＿＿＿＿＿＿＿＿＿＿＿＿＿＿＿＿＿＿＿＿＿＿

＿＿＿＿＿＿＿＿＿＿＿＿＿＿＿＿＿＿＿＿＿＿＿＿＿

4. 任务拓展

在 1 到 10 的标尺上，1 代表你被不良习惯控制，10 代表你掌控了不良习惯。在今天开始之前，你处于什么位置？

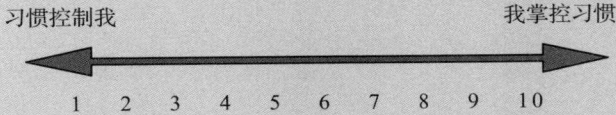

习惯控制我　　　　　　　　　　　　　　　我掌控习惯

◄━━━━━━━━━━━━━━━━━━━━━►

1　2　3　4　5　6　7　8　9　10

明天你希望在哪里？ ＿＿＿＿＿＿ 下周呢？ ＿＿＿＿＿＿ 你怎样才能到达那里？使用问题 3 中你应对不良习惯的策略。

＿＿＿＿＿＿＿＿＿＿＿＿＿＿＿＿＿＿＿＿＿＿＿＿

＿＿＿＿＿＿＿＿＿＿＿＿＿＿＿＿＿＿＿＿＿＿＿＿

＿＿＿＿＿＿＿＿＿＿＿＿＿＿＿＿＿＿＿＿＿＿＿＿

＿＿＿＿＿＿＿＿＿＿＿＿＿＿＿＿＿＿＿＿＿＿＿＿

＿＿＿＿＿＿＿＿＿＿＿＿＿＿＿＿＿＿＿＿＿＿＿＿

＿＿＿＿＿＿＿＿＿＿＿＿＿＿＿＿＿＿＿＿＿＿＿＿

在你今天还能完成的任务旁边打钩。你需要靠什么样的想法和信念度过今天。

＿＿＿＿＿＿＿＿＿＿＿＿＿＿＿＿＿＿＿＿＿＿＿＿

＿＿＿＿＿＿＿＿＿＿＿＿＿＿＿＿＿＿＿＿＿＿＿＿

＿＿＿＿＿＿＿＿＿＿＿＿＿＿＿＿＿＿＿＿＿＿＿＿

重要他人今天能帮助你做什么？

＿＿＿＿＿＿＿＿＿＿＿＿＿＿＿＿＿＿＿＿＿＿＿＿

＿＿＿＿＿＿＿＿＿＿＿＿＿＿＿＿＿＿＿＿＿＿＿＿

＿＿＿＿＿＿＿＿＿＿＿＿＿＿＿＿＿＿＿＿＿＿＿＿

你可以通过什么比较好的方法让他们帮你做这些事情？

_____

_____

_____

_____

结论

　　用不同的方式看待不良习惯不是减轻问题的严重性，也不是对障碍的诊断打折。本章从一些新的视角提供了一些方法，使坏习惯减少对人们生活的影响，使人们相信生活真的是可以改变的。把人们看作被不良习惯困扰比把他们看作患有某种疾病让人感觉更舒服，并且能减少尴尬，提升希望和可能性。只要不把自己作为被问题或疾病控制的人，你就会注意到你的生活是可以弥补的，并且值得你的关注和投入。

　　相信生活是值得的，你的信念会帮助你创造事实。

——威廉·詹姆斯

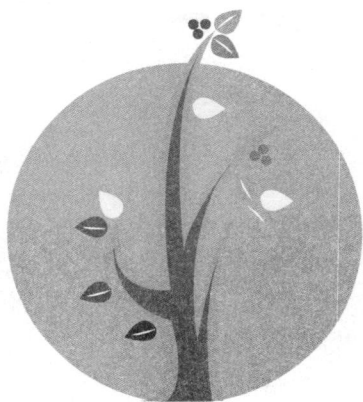

第九章

在创伤后重写你的生活

经历不是真的发生了什么，而是你如何应对所发生的一切。

——奥尔德斯·赫胥黎

几年前，我和一组受到性虐待的幸存者一起工作。卡丽（Carrie）是一个 24 岁的女性，与托德（Todd）结婚后经常受到性虐待。由于他们是青梅竹马的恋人，所以直到他们结婚后才发生了虐待行为。最近，她觉得越来越害怕，并一次次想如何对这种行为说不。

卡丽是一名成功的小学二年级教师，她还在一个商店做兼职，因为这样就能让她转移注意力并躲开托德。不过这种方式使她筋疲力尽。我称赞她强大的同时也给出了时间轴的方法（在本章的后面部分有介绍），请她想象一下，当她有一天摆脱了虐待、恐惧和劳累之后，她的生活会是什么样子。当我们的谈话结束的时候，我问她，在这个过程中我们做的一些事是否使事情有些不同。她回答说："直到现在，我从来没有想到能够永远地摆脱它"。

两周以后，卡丽回来并且告诉我，托德想跟自己和解，但是自己拒绝了他，并且提出离婚。她辞掉了兼职的工作，并且第一次没有感到害怕。她开始在自己公寓的泳池中享受游泳带来的快乐。她也申请到了对托德的限制令，从而使自己的生活不被打扰。她参加了一个国内航线的娱乐活动，应聘做空中服务员，并且当场就被聘用了。这次的小组辅导也许是她能参加的最后一次，因为两周后她就要开始接受训练了。

从故事中走出来

我相信人们在经历了虐待后有能力自我治愈，并继续往前走。我有这样的信念是因为，我亲眼看见了很多来访者，尽管经历了可怕的虐待，但最终成功地走了出来。很多人还是可以建立良好的关系，结婚生子，事业有成。这种方法能够帮助很多幸存者勇于直面施暴者，并谴责他们给自己带来的伤害。还有些人说他们更愿意远离那些伤害自己的人。比起告诉人们他们需要做什么，让人们自己选择处理问题的方式看起来更有帮助。

　　虽然记忆是不能完全消失的，但是它的影响会随着时间的流逝而逐渐减弱，人们想要更好生活的愿望也从未停止，这些都引导着人们走向他们觉得不可能再达到的生活状态。他们是我见过的最勇敢、最让人称奇、最有能力的人，他们才是幸存者真正的老师！

　　也许你经常好奇发生了什么，我的很多来访者也都有这样的想法。在说到发生物质滥用时，很多人经常都伴随着羞耻和怀疑，好像他们对滥用行为承担着某些责任。他们会问："为什么会发生在我身上？"我通常回答："我不知道，我只知道并不是你做了什么事导致这样的事情发生。如果你知道那件事为什么会发生在你身上，以及怎样做会帮助你回到正常的生活，请告诉我。"

　　在《居家治疗》（*Residential Treatment*）一书中，迈克尔·达兰特（Michael Durrant）指出：治疗需要明确一些问题，并且界定人们在应对潜意识层面原因的一些具体做法。他相信治疗应该是建设性的，某种情境使人们在其中可以对自己有不同的看法和反应。

　　比起去探寻导致虐待发生的原因，去理解幸存者需要做什么，以及他们怎么想才能让他们的生活往前推进显得更有帮助。但是在明确这些需要和构建新生活之前，从不同的视角来看待自己很重要。把一个受虐待的人从受害者描述成幸存者是一个开始，它让人们看到对自己故事的描述是如何影响自己的信念和行为的。接下来的练习是从我的《焦点解决的团体治疗》一书中节选的，根据本书需要，略有改动。

练习9.1　你是受害者还是幸存者？

1. 想象一下，你希望一个月以后的生活是什么样。你周围的环境和人没有变，但是你的生活会因为你对情境的描述不同而发生变化。写下你的想法：

_____

_____

_____

_____

_____

2. 我们此刻对自己的信念会影响我们的行为。想象一下，你作为一个受害者，如果要达成目标，你将会怎样行动，拥有怎样的信念，体验怎样的感受。当你作为一个幸存者的时候，为了达成目标，你又会有怎样的行为、信念和感受。在下面相应的标签下写下你的答案：

受害者		幸存者
	行为	
	———	
	———	
	———	
	信念	
	———	
	———	
	———	

感受

————

————

————

————

3. 当你在设想达成自己目标的时候，哪种角色更有帮助，是受害者还是幸存者？

我希望把自己看作一个 _____

4. 你在什么地方成功地用到过这些行动、反应或者信念？想想你在家里、工作中，和孩子、朋友或家人在一起的情境。你是怎样做到的？其他人会对你所做的这些如何评价？请具体写下来。

——————————————————————

——————————————————————

——————————————————————

——————————————————————

——————————————————————

——————————————————————

——————————————————————

——————————————————————

——————————————————————

5. 在下面的时间轴上标出那些掌控你生活的事情。在时间轴上用"×"标出事情结束的时间。在"×"下方写出这件事是如何使你被生活所困的。

在标尺末端写下你家人的寿命。现在，当你从困住你的事情中跳出来，并向前看的时候，数一数你从这件事中逃离出来后还能过多少年。

　　现在请你意识到一些新的事情，如你是有智慧的、聪明的，并且今天的你比当时的你对于生活有更多的理解。当你受到威胁时，你再也不用回到之前那个状态了，因为比起选择相同的情境和关系，你想要的更多。

出生　　　　　　　　　　　　　　　　　　　　　　　死亡
——→

这些事情是如何困扰我的：

_____

_____

_____

　　现在开始用新的方式思考你的生活：你想做什么？想和谁一起做？写下你内心的渴望：

_____

_____

_____

　　6. 行动计划：

　　在接下来的一两周中，我和你会看到你正在做什么，尤其是一些小细节，来证明你确实走出了困境？

_____

_____

_____

_____

_____

失去某人后再把他找回来

如果你特别亲近的人去世了，你会体验到孤独感和空虚感，因为你爱的人已经成为你的一部分了。你可能正经历向离去的人告别的煎熬，其他人可能会告诉你把这些感受隐藏起来并继续过你的生活。这话说起来容易，做起来难。弗洛伊德说过，如果想治愈丧失，人们需要用一种新的方式重新整合已故之人带给自己的意义、影响和体验。人们必须意识到，由于了解已故之人，所以活着的人成了已故之人。

把你自己看作受到已故之人影响的人，这样可以让你有机会继续完成那个人的传奇和故事，这样不仅是治愈，而且是对已故之人的庆祝。下面的练习是为你和你所爱之人准备的。

练习9.2　问候你的记忆并让它们帮助你过好每一天

在迈克尔·怀特的《再说你好》（"Saying Hullo Again"）那篇文章中，他认为对一个经历丧失的人赋予力量是非常重要和有效的。怀特建议人们可以用下面的问题来面对新的现实。前面带 * 的问题是我特别加上的，因此，你可以用行动计划的形式做出回答。这些问题的目的是为了让你跟已故之人再说你好。

如果你现在正从你所爱之人的眼睛中审视自己，你会注意到自己的哪一点最值得欣赏。

*我最欣赏我自己：

_____

_____

_____

对于你正在欣赏的这一点的感受不同，会造成什么不同？

*当我欣赏自己这一点的时候，我会：

_____

_____

_____

当你把更多的愉悦带进自己的生活中时，你是怎么知道你所爱之人也知道你的不同的呢？

*我所爱之人帮我意识到：

_____

_____

_____

如果你每天都保持这种觉察，你的生活会有什么不同？

*如果我把我所爱之人每天从我身上所看到的东西铭记于心，我会：

_____

_____

_____

_____

这种感觉会对你重返生活的脚步带来什么不同？

*如果我记得我所爱之人喜欢我的哪些方面，我会：

_____

_____

_____

_____

你会怎样做从而使别人知道你正在回到正常的生活？这些改变对你所爱之人是显而易见的，并且也使你自己找到更多有吸引力的生活。

＊当我这样做的时候别人就会意识到我已经回到正常的生活：

_____

_____

_____

_____

_____

结论

如果你在生活中经历过巨大的灾难，请你意识到自己是幸存者，而不是受害者，准备好继续你的生活，并且用不同的方式把它们写下来。如果你失去了你特别爱的人，那我希望你能够继续完成这个人带给你的良好品质，从今天开始并且一直持续下去。请你每天充满感激地投入生活中并且记得离开的那个人给你的财富。这个人活在你的心中，并且你会向更多人传播他的价值和影响。如果你正在向已故之人问好的旅途中，那么我会给你我最好的祝福。

古埃及人在其所爱之人去世之后会问两个问题，对这两个问题的回答能决定他以后的生活。第一个问题是："你带来快乐了吗？"第二个问题是："你发现快乐了吗？"

——利奥·巴斯

第十章

你的奇迹旅行

你不能用制造问题的方法解决问题。

——爱因斯坦

当你每次在本章中书写的时候，增加一项，那就是，当你的例外发生的时候，你正在想什么。就像我之前提到的，仅仅是思想的差异就能产生不同的效果。改变你的想法——这会使行动更容易。这些发现对你有重要的意义，它们会成为你解决问题的方法的一部分。在后面的部分，写下你今天经历的例外，它会成为你的奇迹向导。

例外：

_____

_____

_____

_____

帮助你达到例外的想法、信念和行动：

_____

_____

_____

_____

如果你计划重复今天的做法，你会重复哪些做法？你需要如何相信自己或别人才能使你成功？其他人会说你需要做什么？

_____

_____

_____

参考文献

Berg, I. and Dolan, Y. (eds.), 2001, *Tales of Solutions: A Collection of Hope-Inspiring Stories*, W. W. Norton, New York.

Berg, I. and Miller, Scott, 1992, *Working With The Problem Drinker*, W. W. Norton & Company, New York.

Covey, S., 1989, *Seven Habits of Highly Effective People*, Simon & Schuster, New York.

de Shazer, S., 1985, *Keys to Solution in Brief Therapy*, W. W. Norton & Company, New York.

Glasser, W., 2003, *Warning: Psychiatry Can Be Hazardous to Your Mental Health*, HarperCollins, New York.

Haley, J., 1976, *Problem Solving Therapy*, Harper & Row, New York.

Johnson, S., 1998, *Who Moved My Cheese?*, Putnam Publishers, New York.

Metcalf, L., 1997, *Parenting Toward Solutions*, Prentice-Hall, New York.

Metcalf, L., 1999, *Solution Focused Group Therapy*, The Free Press, New York.

Minuchin, S. and Fishman, C., 1981, *Family Therapy Techniques*, Harvard University Press, Cambridge, MA.

O'Hanlon, W. and Weiner-Davis, M., 1989, *In Search of*

Solutions，W. W. Norton & Company，New York.

Quindlen，A. ，2000，*A Short Guide to a Happy Life*，Random House，New York.

Stanley，T. ，2000，*The Millionaire Mind*，Andrews Mc-Meel Publishing，Kansas City，Missouri.

White，M. ，1989，*Selected Papers*，Dulwich Centre Publi-cations，Adelaide，South Australia.

京图字：01-2016-5152

图书在版编目(CIP)数据

奇迹问句：闪耀的心灵之光/(美)琳达·梅特卡夫著；吴洪健译．—北京：北京师范大学出版社，2017.8
（心理学前沿译丛）
ISBN 978-7-303-22489-0

Ⅰ．①奇… Ⅱ．①琳… ②吴… Ⅲ．①心理交往－研究 Ⅳ．①C912.11

中国版本图书馆 CIP 数据核字(2017)第 130907 号

营 销 中 心 电 话　010-58805072　58807651
北师大出版社高等教育与学术著作分社　http：//xueda.bnup.com

QIJI WENJU SHANYAO DE XINLING ZHIGUANG
出版发行：北京师范大学出版社　www.bnup.com
　　　　　北京市海淀区新街口外大街 19 号
　　　　　邮政编码：100875
印　　刷：大厂回族自治县正兴印务有限公司
经　　销：全国新华书店
开　　本：730 mm×980 mm　1/16
印　　张：10.5
字　　数：180 千字
版　　次：2017 年 8 月第 1 版
印　　次：2017 年 8 月第 1 次印刷
定　　价：49.00 元

策划编辑：陈红艳　　　　　责任编辑：陈　倩
美术编辑：袁　麟　　　　　装帧设计：袁　麟
责任校对：陈　民　　　　　责任印制：马　洁